防灾减灾、灾后重建与扶贫开发培训丛书

汶川地震灾后贫困村恢复重建简明读本

国务院扶贫办贫困村灾后恢复重建工作办公室 编

中国财政经济出版社

图书在版编目（CIP）数据

汶川地震灾后贫困村恢复重建简明读本/国务院扶贫办贫困村灾后恢复重建工作办公室编．—北京：中国财政经济出版社，2009.10
（防灾减灾、灾后重建与扶贫开发培训丛书）
ISBN 978－7－5095－1870－0

Ⅰ．汶…　Ⅱ．国…　Ⅲ．地震灾害-农村-不发达地区-经济发展-四川省　Ⅳ．F323.8

中国版本图书馆 CIP 数据核字（2009）第 196541 号

责任编辑：孙　琛　　　　责任校对：王英
封面设计：陈　瑶　　　　版式设计：楠竹

中国财政经济出版社出版

URL：http：//www.cfeph.com
E－mail：cfeph@drc.gov.cn

社址：北京市海淀区阜成路甲 28 号　邮政编码：100142
发行处电话：88190406　财经书店电话：64033436
北京人卫印刷厂印刷　各地新华书店经销
880×1230 毫米　32 开　4.75 印张　120 000 字
2010 年 3 月第 1 版　2010 年 3 月北京第 1 次印刷
印数：1－10 000　　定价：20.00 元
ISBN 978－7－5095－1870－0/D・0078
（图书出现印装问题，本社负责调换）

编委会

序　一

汶川特大地震发生以后，扶贫系统积极参与抗震救灾，并根据国家的统一部署，及时组织编制完成了《汶川地震灾后贫困村恢复重建总体规划》，纳入了国家恢复重建总体规划和农村建设专项规划。随后，国务院扶贫办设立专门工作机构，分三批开展了100个贫困村灾后恢复重建试点工作；按照三年重建两年基本完成的要求，指导、协调、帮助、督促四川、甘肃、陕西三省扶贫系统整合资源、有序有力地推进国家重建规划区内4 834个贫困村灾后恢复重建工作；全面应用参与式方法发动群众主动重建家园，开发建立监测管理系统，加强各级干部及社区能力培训，开展国际合作，创新重建模式，不断实践和探索防灾减灾、灾后重建与扶贫开发相结合的机制，取得了积极的进展和效果。得到了国务院领导的充分肯定、有关部门和三省各级党委政府的大力支持以及贫困灾区广大干部群众的由衷称赞。

实践证明，扶贫系统参与贫困村灾后恢复重建，是党中央、国务院交给的光荣任务，是贯彻落实中央领导同志“把灾后重建与扶贫开发相结合”指示精神的具体行动，是受灾贫困地区干部群众的迫切愿望，不仅展示了扶贫系统的工作能力和水平，还拓展了扶贫工作的新领域，是扶贫系统贯彻落实十七大开拓创新精神、落实科学发展观的具体体现。

我国相当部分贫困人口分布和生态脆弱区高度重合、贫困地区每年遭受严重自然灾害的几率比其他地区高5倍，气候变暖、灾害更加频繁和严重的现实，决定了防灾减灾、灾后重建与扶贫开发相结合，将是未来扶贫工作的一项重要机制和途径。这对于扶贫系统而言，是一个全新的工作领域，必然会面临诸多的困难和挑战。汶川地震灾后贫困村恢复重建的实践证明，做好此项工作的一个重要前提，就是要有效地对扶贫系统和基层干部进行系统、全面的防灾减灾/灾后重建与扶贫开发结合的相关理论和方法培训，不断提高他们开展这一创新性工作的能力。

基于这样的目的，国务院扶贫办贫困村灾后恢复重建工作办公室在和三省有效推进贫困村灾后重建工作的过程中，在联合国开发计划署、英国国际发展部的资助下，边实践探索、边总结研究，组织编写了“防灾减灾/灾后重建与扶贫开发培训丛书”一套 4 册。我相信，这套丛书不仅已在促进汶川地震灾后贫困村恢复重建工作水平提高中发挥了重要作用，也将为向基层干部群众宣传相关知识、为扶贫系统开展相关培训提供了针对性很强的读本和教材。

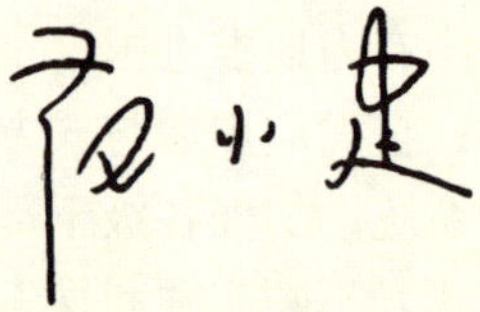

（国务院扶贫开发领导小组副组长，
办公室党组书记、主任）

序　二

In close collaboration with LGOP，UNDP is proud to have played a modest but substantive role in response to the May 12 Wenchuan earthquake. Our joint Early Recovery and Disaster Risk Management Programme offers a unique platform for various government sectors，civil society and private partners to work in a coordinated and integrated way to assist the recovery efforts in poor communities affected by the earthquake. Getting whole communities back on their feet，whilst ensuring that both the needs and the potential contributions of the vulnerable peopble-women and children，elderly，people with disability and poorest families-are central to our recovery supports in the past year，and shall continue be the focus of our efforts over the coming months and years.

通过与国务院扶贫办的密切合作，联合国开发计划署在5.12汶川特大地震的灾后响应和恢复重建中发挥了积极且恰当的作用。我们联合开展的灾后早期恢复重建暨灾害风险管理项目为相关的政府部门、民间团体和企业构建了一个独特的平台，在各方共同努力下形成了良好的合作协调机制，为遭受地震影响的贫困社区灾后恢复重建工作贡献力量。过去的一年中，我们把项目重点放在支持灾后重建中的脆弱群体，在关注妇女、儿童、老人、残疾人以及贫困家庭需求的同时，积极促进他们在恢复重建中的参与和发挥作用，帮助社区的恢复重建走上正轨，这也会是我们下一阶段工作的重点。

Through the exchange and application of ideas，expertise knowledge and information，we aimat changing people's mindsets，shaping their awareness and behavior towards building back better and greener. Through the strategic partnership with LGOP，we are glad to see that successful experiences and lessons learnt are being collated in a systematic way for replication to help with recovery endeavors in more poor villages. I would also like to commend and recognize the strength and determination of the villagers of the poor villages in rebuilding their lives after the tremendous catastrophe. We were deeply humbled by what we have seen. This is invaluable story of human courage that is truly worth sharing with the world community and bound to inspire people far and wide.

通过积极引进国际经验、知识及资讯，我们力求改变人们的传统思维，塑造其意识及行为，以达到重建更美好、更绿色的目标。在与国务院扶贫办的战略伙伴关系支持下，我们欣喜地看到目前项目取得的成功经验正得到系统地收集和整理，为下一步在更多的贫困村复制推广打下坚实基础。同时，对于贫困村的村民们在巨灾之后恢复重建中所展现出的力量与决心，我表示由衷的敬意。这一年来，我们被所见到的一切深深地震撼着，那些洋溢着人类勇气与不屈不挠精神的故事应该在国际社会广泛传扬，并必将激励我们，产生更为深远的影响。

（Country Director，UNDP China

联合国开发计划署驻华代表处国别主任）

中央领导同志重要指示

中共中央总书记、国家主席胡锦涛同志指出：

“要把灾后重建与推进工业化、城镇化和社会主义新农村建设、扶贫开发紧密结合起来，与主体功能区建设和产业结构优化升级紧密结合起来，与保护民族文化遗产紧密结合起来，与促进灾区生态环境尽快恢复并不断改善紧密结合起来，努力实现可持续发展。”

中央领导同志重要指示

国务院总理温家宝同志指出：

“把恢复重建和扶贫工作结合起来，加大对受灾贫困地区的支持力度，从根本上改变贫困地区的生产生活条件，促进贫困地区经济社会发展。”

中央领导同志重要指示

国务院副总理回良玉同志指出：

“要统筹安排，科学规划，把灾后恢复重建与新农村建设结合起来，与主导产业发展结合起来，与促进农民增收致富结合起来，进一步加大资金、技术、政策扶持力度，努力提升灾区经济社会发展水平。”

Contents 目录

第一篇　灾后贫困村重建

First

一、汶川地震受灾地区的共同特点

汶川地震波及四川、甘肃、陕西三省，极重灾区和重灾区共 51 个县。这些受灾县的共同特点是：

（一）自然条件恶劣

大多数县以山地、高原为主，是我国地震等地质灾害和暴雨、冰雹等气象灾害的高发区和易发区，水土流失和植被破坏严重。

（二）基础设施薄弱

灾前三省 51 个县有 1 056 个村不通路，187 个村不通电，3 647 个村不通自来水，371 个村不通电话，2 686 个村不通广播，1 311 个村不通电视。

（三）经济社会发展水平低

51个县2007年国内生产总值为2 066.5亿元，人均1.01万元，是全国人均水平的53%；地方财政一般性预算收入53.3亿元，人均262元，仅为全国平均水平的7%；农民人均纯收入2 086元，是全国平均水平的50%。

（四）农村贫困现象严重

51个县大多属“老、少、边、穷”地区，共有扶贫开发工作重点县43个（国家扶贫开发工作重点县15个，省定重点县28个），共有贫困村4 834个，占51县行政村总数的33.7%，贫困户32万户，贫困人口218.3万人，贫困发生率为30%。这43个县的贫困发生率由灾前的30%上升到60%以上，因灾返贫率达30%。农民人均纯收入由2007年底平均1 873元下降到千元以下（扣除补贴性收入）。无房、无生活来源、无生产资料的农户的数量大幅增加，群众生活面临更多困难，受灾贫困村经济社会发展水平严重倒退。

二、灾害与贫困

灾害是致贫的一个重要因素，也是返贫的重要原因之一。据统计，贫困地区灾害发生率要比一般地区高5～10倍。因此，全面了解灾害与贫困的关系，科学评估灾害对贫困村的影响，是灾害来临时采取正确应对措施的依据，也是灾后贫困村恢复重建与扶贫开发的重要基础性资料。

（一）灾害与生命

1. 灾害造成死亡和伤残。
2. 伤亡和伤残致使人口和劳动力减少。
3. 为重建家园，其他的谋生机会减少。

（二）灾害与财产

灾害损坏财产。贫困家庭的财产积累较少，灾害致使贫困户多年的努力成果毁于一旦。

（三）灾害与生产

1. 灾害造成了生产资料和劳动力等生产要素的破坏，使灾后生产恢复困难。

2. 基础设施（公路、沟渠、提灌站等）遭到严重破坏，生产恢复困难。

3. 灾害造成人们的需求结构发生变化，原有各项产业的效益需要新的评估，谨慎合理安排生产。

（四）灾害与生活

1. 灾害致使家庭人员结构发生变化，单亲家庭、隔代家庭等特殊家庭类型增加，人际之间的关系面临新的调整。

2. 灾害破坏了贫困地区的基础设施如道路、桥梁等，使出行和正常生活受到影响。

3. 灾害破坏了贫困地区的公共设施如学校、医院和商店等，使孩子上学、病人医疗和生活必须品供应等出现问题。

4. 灾害对房屋、耕地、生产资料的破坏，打破原有的平静生活，一些新的关系需要调整。

（五）灾害与信息

1. 灾害造成了信息的阻断。

2. 不实信息的增加可能造成各种迷信和谣言的传播。

3. 市场信息的减少，影响生产、生活和市场信息的获取，给贫困村脱贫带来影响。

（六）灾害与心理

1. 灾害给人们带来一些不良的心理体验，人们在灾难面前的无力感增强。

2. 家园被毁，不得不重新迁移，给人们的风俗习惯、生活和生产带来了新的适应问题。

3. 失去亲人的痛苦，使人们在很长一段时间要承受很大的心理压力。

4. 灾难画面在脑海里重复出现，对人的心理造成强烈的冲击。

三、贫困村灾后重建政策与规划

（一）与贫困村灾后重建相关的政策

《汶川地震灾后恢复重建条例》；

《关于支持汶川地震灾后恢复重建的意见》；

《国务院关于做好汶川地震灾后恢复重建工作的指导意见》；

《财政部、教育部关于对汶川地震重灾区家庭经济困难学生实施特别资助政策的通知》；

《关于对地震灾区实施就业援助的通知》；

《四川省人民政府关于支持汶川地震灾后恢复重建政策措施的意见》；

《甘肃省地震灾后恢复重建政策措施实施办法》；

《陕西省人民政府关于支持地震灾后恢复重建有关问题和政策措施的意见》。

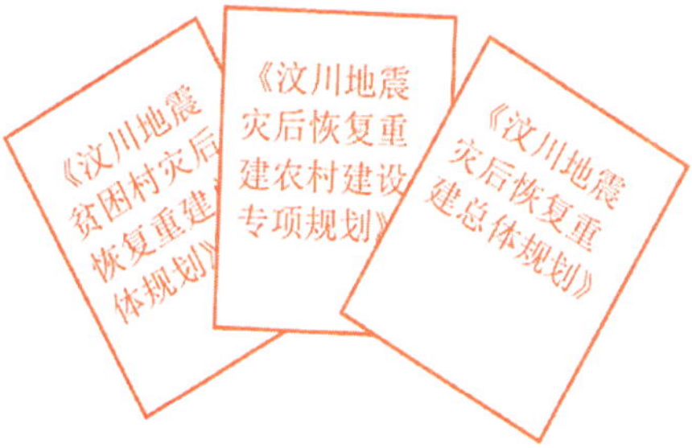

（二）与贫困村灾后重建相关的规划

《汶川地震灾后恢复重建总体规划》；

《汶川地震灾后恢复重建农村建设专项规划》；

《汶川地震贫困村灾后恢复重建总体规划》。

（三）《汶川地震贫困村灾后恢复重建总体规划》的主要内容

1. 重建规划的范围。国家确定的 10 个极重灾县、41 个重灾县中受灾的 4 834 个贫困村（即三省在《中国农村扶贫开发纲要》确定的贫困村）。其中：四川省 2 516 个；甘肃省 1 811 个；陕西省 507 个。

2. 规划制定原则。

以人为本、民生优先、全面发展；

群众参与、项目到村、帮扶到户；

因村制宜、统筹兼顾、综合重建；

统一规划、典型示范、分步实施；

国家支持、社会帮扶、自力更生。

3. 规划的具体目标：规划实施前两年，结合农村住房建设，基本完成贫困村基础设施、公共服务设施的恢复重建；第三年，力争使农业生产设施、公共服务设施、基础设施、产业发展、民主管理、自我发展信心及能力基本恢复到灾前水平，群众收入及生活水平达到或超过全省贫困村当年平均水平。

4. 贫困村灾后恢复重建的项目内容，技术标准与投资补助标准及实施主体。

表 1－1

项目	项目内容	规划中是否有		实施主体
		技术标准要求	投资补助标准	
住房建设	新建住房			有关部门组织实施
	维修住房			
公共服务设施	村小学校	有		
	村卫生室	有		
	村级基层组织和文化活动室	有		
	便民商店	有		
村内基础设施	村内道路	有	有	扶贫部门组织实施
	小型农业灌溉设施	有	有	
	饮水设施	有	有	
	可再生能源设施	有	有	
	基本农田		有	
	入户供电设施		有	
生产恢复	为贫困农户提供生产启动补助资金		有	
	建立村级互助资金		有	
能力建设	农村实用技术培训	有	有	
	劳动力转移技能培训	有	有	
	提供就业安置和跟踪服务			
	健康、环境教育			
	村级组织管理能力培训			
环境改善	恢复重建和改善农户居住环境			
	实施“五改三建”	有	有	

5. 贫困村灾后恢复重建工作的组织体系。

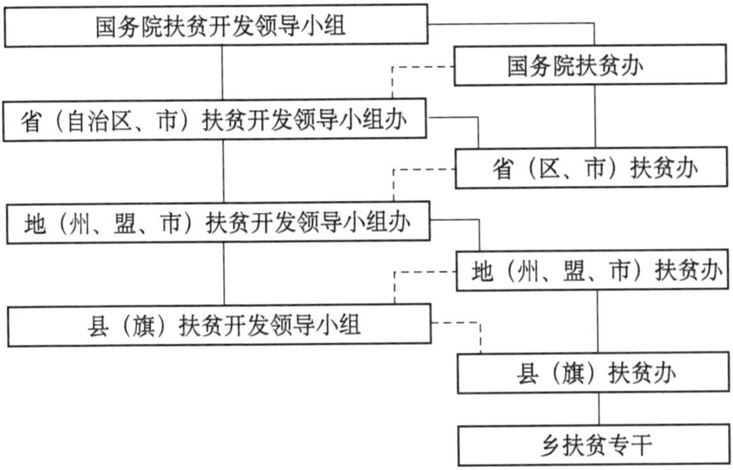

（图例：———— 领导关系 ------ 指导、协调关系）

图 1-1 中国各级政府扶贫机构示意图

6. 农民如何参与？

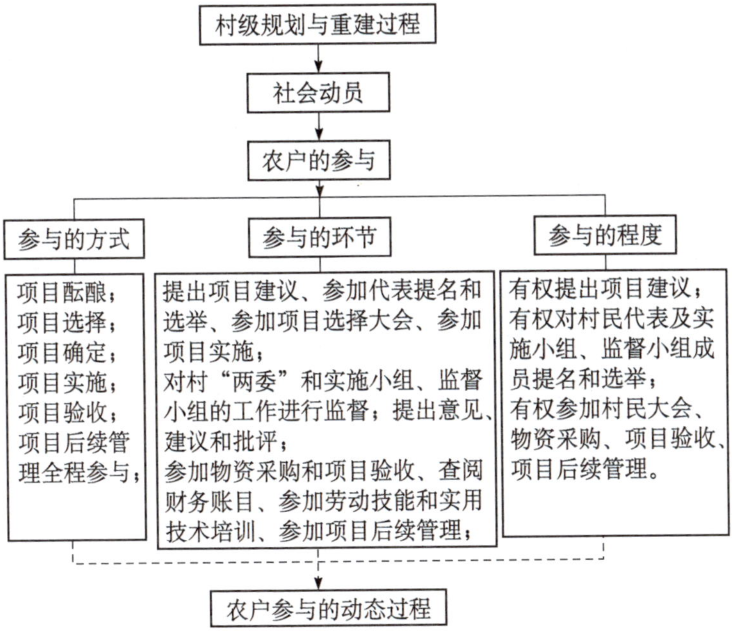

图 1-2

第二篇 住房与基础设施建设

Second

一、农村住房建设

（一）农村住房恢复重建的规划要点

1. 农村住房恢复重建应在原有住宅建设用地上进行，原则上不得增加宅基地面积。

2. 农村住房恢复重建应考虑相应的避震疏散措施。应统一规划避震疏散场所，设置不少于两个方向的安全疏散通道和引导性的标示牌。

3. 农村住房恢复重建要满足防火间距和卫生间距的要求，并设置消防和卫生防疫设施。

4. 农村住房恢复重建应做好竖向规划，处理好宅基地高程和组团之间的联系，组织好地面水排放，并安排防护性工程措施，如桥涵、护坡、挡土墙、截洪沟、排水沟等。

5. 农村住房恢复重建应保证水电供应、道路通讯、雨污水排放等基本设施配套。农村公共设施恢复重建应与住宅重建同步进行。

6. 农村住房恢复重建应不影响传统民居和具有乡土建筑特征的农村住房的修复和保护。

（二）农村住房恢复重建的技术规范

建筑设计要点

1. 灾后重建住房的建设场地应选择稳定基岩，坚硬土，开阔、平坦、密实、均匀的中硬土等有利地段，避开软弱土，液化土，条状突出的山嘴，高耸孤立的山丘，非岩质的陡坡，平面分布上成因、岩性、状态明显不均匀的土层等不利地段，以及河岸和边坡的边缘（如图2－1），禁止建设在地震时可能发生滑坡、崩塌、地陷、地裂、泥石流等次生灾害及发震断裂带上可能发生地表错位的危险地段。同时，还要避开水源保护区、文物保护区、自然保护区和风景名胜区，不要在临近江河、岸边、地势低洼的地方建房（如图2－2）。

图2－1

图2－2

2. 室内设计中，应设卧室、起居室、厨房和卫生间等基本生活空间，卧室、起居室、厨房应有直接采光、自然通风；厨房应设置洗涤池、案台、炉灶、排油烟设施或预留位置；卫生间应设置便器、洗浴器、洗面器等设施或预留位置，卫生间和厨房墙体和地面，应有防水措施。

结构技术要点

1. 结构设计应遵循简单明确、安全可靠、经济合理、施工方便和可重复利用的原则，符合抗震概念设计的要求，不应采用严重不规则的平面及竖向方案。在具体实施过程中，不采用粘土砖承重，适当采用钢木结合结构，即采用一、二层钢木结构，抗震性能好，木结构住宅的关键部位采用钢木结合结构（如图 2－3），推荐更多地采用钢结构承重体系，加大钢筋混凝土中钢材的用量，提高结构抵抗地震能力。

图 2－3　青川县钢木结构施工

2. 结构材料的性能指标应符合下列最低要求。其一，砌体结构材料中，烧结普通粘土砖和烧结多孔粘土砖的强度等级不应低于 MU10，其砌筑砂浆强度等级不应低于 M5；混凝土小型空心砌块的强度等级不应低于 MU7.5，其砌筑砂浆的强度等级不应低于 M7.5；料石的强度等级不应低于 MU30，其砌筑砂浆的强度等级不应低于 M5。其二，混凝土强度等级不应低于 C20；预应力混凝土强度等级不应低于 C30；当采用钢绞线、钢丝、热处理钢筋作预应力钢筋时，混凝土强度等级不宜低于C40；其三，钢结构的钢材的抗拉强度实测值与屈服强度实测值的比值不应小于1.2；应有明显的屈服台阶，且伸长率应大于20%，具有有良好的可焊性和合格的冲击韧性。

3. 施工技术要点。

（1）砌体结构房屋构造时，优先采用横墙承重或纵横墙共同承重的结构体系；烟道、风道、垃圾道等不应削弱墙体；在外墙四角、楼梯间四角、大房间内外墙交接处、较大洞口及错层部位横墙与外纵墙交接处，设置钢筋混凝土构造柱，构造柱最小截面240mm×180mm，纵向钢筋采用4Φ12，箍筋间距不宜大于250mm，且在柱上下适当加密。

（2）混凝土结构房屋构造时，围护墙和隔墙应设置拉结筋、水平系梁、圈梁、构造柱等与主体可靠连接，女儿墙应与主体结构锚固；梁的截面高度不宜小于200mm，高宽比不宜大于4，净跨与截面高度比不宜小于4，梁端箍筋加密区箍筋最大间距不应大于150mm；柱的截面高度和宽度不宜小于300mm，圆柱直径不宜小于350mm。柱端箍筋加密区箍筋最大间距不应大于150mm（柱根100mm）。

（三）分散建房与集中建房的比较

分散建房和集中建房是灾后住房恢复重建的重要方式，应因地制宜，与完善农村配套基础设施建设相结合，与改善灾区群众生活相结合，与当地总体规划衔接一致，推动城乡建设协调发展，有效改善人居环境，有利于防灾减灾，实现科学避灾。

集中建房的优缺点

灾后地震住房恢复重建过程中，在一些地区实施了集中建房。集中建房是农村地区正在尝试的一种新的建房措施。

它的优点明显，减少建房成本，改善居住条件，节约建房土地，增加可耕土地面积。集中建房户型整齐划一，外观美观，看起来赏心悦目。集中建房是农村生产资料的集约化利用，将提高和解放农村生产力，在逐步改善农村集中村落基础设施和公共服务设施条件的情况下，有利于实现乡村空间形态由散居向农村集中村落和农村社区发展。但是不符合传统居住、生产习惯，相应的居住设施难以配备齐全，在一定程度上会给居民带来不便。

图 2-4　集中住房

分散建房的优缺点

分散建房是中国传统的建房风格。与农村居民长期养成的生活习惯、生产惯习相适应。不少农户都养了猪、鸡、鹅等畜禽，一些农户还拥有拖拉机及其他农机具，农民还需要有种菜和晒粮食的场地。农民分散居住，饲养畜禽十分方便，农机具摆放也很顺手。家前屋后场地大，相对使用方便。分散建房适合农村居民的耕作习惯，可以离土地很近，适宜去地里面耕作，尤其是山区农村居民。但是，缺点明显：一是投入大；二是占地面积大。

二、基础设施建设

（一）农村基础设施重建的基本内容

地震灾害给汶川的基础设施（如道路、桥梁、农田灌溉、生活用水设施）带来了巨大的损害，加紧重建和恢复是灾后的当务之急。针对灾区的实际情况，我们认为一要恢复农村饮水安全工程；二要恢复重建小型水利等灌溉设施；三要恢复重建农村公路与村内道路建设；四要建设以沼气为代表的农村新能源；五要恢复原有桥梁设施；六要恢复重建以通信设施为代表的农村信息网络。

（二）农村基础设施重建的技术规范

农村饮水安全工程建设

1. 自来水厂的修复。恢复生产供电或启动自备发电设备供生活用电；对被破坏的生产管路、净水构筑物或清水池应先进行冲洗，再进行修复，修复后的净水、供水设施必须进行消毒。

2. 自来水厂的新建。首先要选择水量充足、水质良好、经济合理、便于保护的水源；其次，尽量不占或少占用农田，有较好的废水排除条件；再次，要有良好的工程地质条件，不受洪水威胁和滑坡、崩塌、泥石流等地质灾害威胁；最后，要有良好的卫生环境，并便于设立防护地带。

3. 水井的修复（图 2－5）。被地震破坏的水井应先检测其水质，在确保水质对人畜无危害并只需经过一般净化消毒后即可饮用

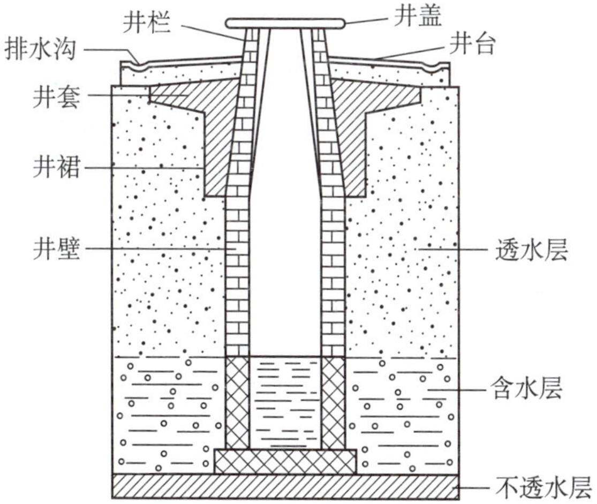

图 2－5　合理修建的水井

时，再进行修复，否则应另找水源。

4. 蓄水池的修复。

(1) 选址要远离畜牧圈、远离污染源；

(2) 注意人畜不能共用，保持水体清洁。

农村水利灌溉设施建设

1. 灌溉设施的恢复与重建包括提灌站、蓄水池、灌溉渠、石河堰、机沉井的恢复与重建。在实施过程中，首先要科学评估、全面规划；其次要突出重点、统筹兼顾，即先生活，后生产；先重建，后提高。最后，要相互衔接、远近结合，即做好灾后重建规划与现有各类水利规划的衔接工作，统筹安排好灾区近远期水利建设任务。

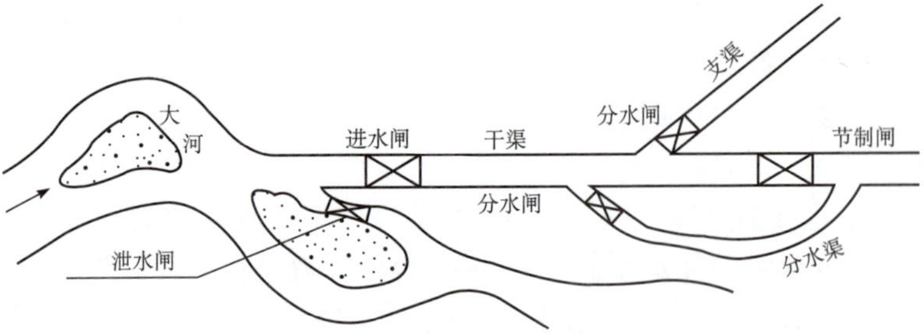

灌溉设施示意图

2. 护河堤岸的恢复与修建中，可以考虑三种修建类型。其一，刚性堤岸，主要由刚性材料如块石、混凝土块、砖、石笼、堆石等构成，建造时不用砂浆，而是采用干砌的方式，留出空隙，利于滨河植物的生长。或者将堤岸沿经过改造的台阶式地形分级设置，台阶面可种植植物，也可作为休息或散步的场所。它可以抵抗较强的流水冲刷，能在短期内发挥作用，且相对占地面积小，适合于用地紧张的城市河流。其二，柔性堤岸，适于滨河地带生长的植被种植在堤岸上，利用植物的根、茎、叶来与枯枝及其他材料相结合来固堤，防止侵蚀，控制沉积，同时为生物提供栖息地。其三，刚柔相结合型堤岸，综合以上两种方法的优点，具有人工结构的稳定性和自然的外貌。见效快，生态效益好。

刚性护河堤岸

3. 排洪渠的修建与恢复（图 2－6）。在防洪设施损害评估的基础上，尽快修复和利用原有防洪设施；对于上游有较大堰塞湖的地区，应制定相应的应急防洪预案；此次地震受灾地区多处于山区，防洪方案可按照水流形态和沟槽发育规律实施分段治理；山沟上游集水坡地的治理以水土保持为主；处于江河沿岸的城镇，防洪工程结合流域防洪规划，按照泄蓄兼顾、以泄为主的原则进行建设；应做好排水工程配套，地势低洼地区，配置一定的水泵或者设置排水泵站，避免形成内涝而淹没居住区；建立完整的洪水预报系统，及时准确地预报洪水及其发展趋势；编制防洪抗灾预案，在洪水来临时根据不同洪水情况，有计划、有准备、有组织地防洪抗灾；发展防洪抗灾基金及防洪抗灾保险事业，保证防洪投资及灾后恢复重建的资金来源。

图 2－6 排洪渠修建示意图

农村道路的恢复与重建

乡村道路建设和恢复包括通村公路、路基土石方工程、村组道路、入户道路、桥梁的恢复与重建。

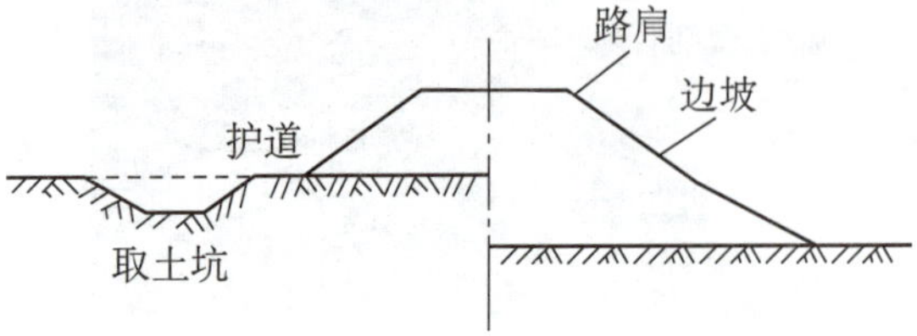

路堤

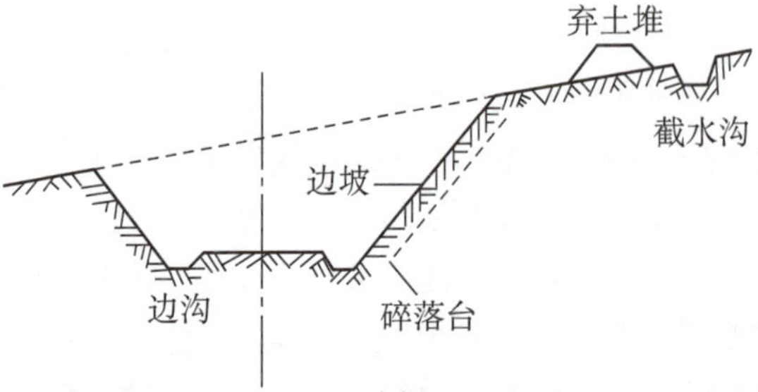

路堑

1. 原有道路的恢复与重建中，原有道路为沥青路面时应对原有路面损害进行彻底处理后，再铺筑沥青或水泥路面。对于三、四级公路原有老路为砂石路面或泥灰结石等路面类型时，应对原有路面损害进行彻底处理，并进行单层或双层沥青表面处理后，再铺筑沥青混凝土或水泥混凝土面层。

当原有老路路拱不符合要求时，还应对原有老路进行整平，整平层最小施工厚度不应小于 10cm。老路需拓宽时，拓宽部分应按新建公路进行设计。

2. 新建道路的选择与规划中，尽量不占或少占用耕地，保护好被占用土地农户和拆迁户的合法权益，同时针对各地区地质特征不同，对可能发生自然灾害地段做好防护措施。

道路网络选线要结合地形、地质、水文等条件并考虑到与临街建筑、街坊、已有大型公共建筑的出入要求。同时也应注意要满足地面排水与工程管线布置的要求。如排水管为重力流管，埋设较深，其开挖沟槽的用地较宽，管道具有排水纵坡，街道纵坡设计要与排水设计密切配合。干道系统竖向规划设计时，干道纵断面设计应配合排水系统的走向，通畅地通向江河海。

村庄道路修建应满足村庄环境要求，主干道布置应与季节主风向成垂直或成一定的偏斜角度；道路走向应为两侧建筑布置创造良好的日照条件，干道的走向最好取南北和东西方向的中间方位，以兼顾日照、通风和临街建筑的布置；营造环保的道路交通环境。在街道宽度上要考虑必要的防护绿地来吸收部分噪声、二氧化碳，并放出新鲜空气。同时，考虑村庄景观要求，可适度保持原有景观特色，尽量保留原有文化遗产，同时规划新景观如绿化带等。要有发展眼光，在新农村道路系统规划时，停车场地等公用设施应提前考虑。

沼气设施的恢复与重建（图 2－7）

沼气既是廉价的能源，又可扩大肥料来源，发展农业生产并能沉降杀灭寄生虫卵，改善环境卫生，促进人畜健康，实现家居温暖清洁化、庭院经济高效化、农业生产无害化，同时可为国家节省大量的煤、柴和电，支援工业建设。

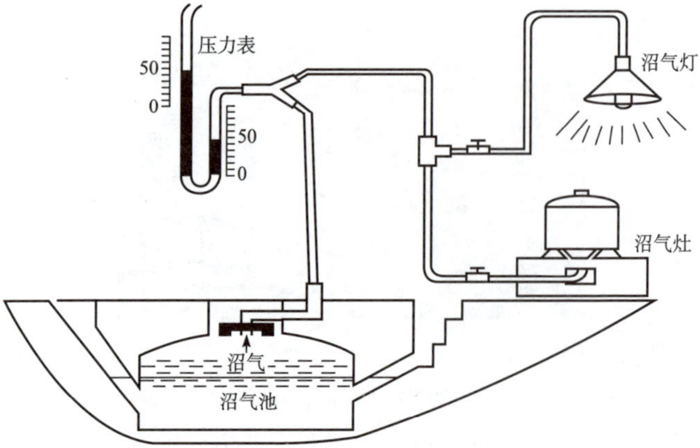

图 2－7　沼气池及沼气应用系统

1. 建池的基本材料有：红砖、碎石、砂、硅酸盐水泥。一般而言，池底选用 100 号混凝土，圈梁及池盖选用 200 号混凝土，池墙、水压间、水封槽选用 150 号混凝土。水泥砂浆的强度一般不低于 75 号，勾缝砂浆强度不低于 100 号。

2. 沼气池的组成与规格（图 2－8）。水压式沼气主要由进料口、进料管、发酵间、出气管、出料间（水压间）组成。而主要部分产气间的大小由用户家庭人口多少来确定，一般四口之家建 8 立方米池，5～7 口人的建 10 立方米池为宜。8 立方米产气池挖深 2 米，直径 3 米，砌成后净深 1.86 米，直径 2.7，10 立方米产气池挖深 2.2 米，直径 3.3 米，砌成后净深 2.15 米，直径 3 米。进气管和出气管一般采用内直径为 20～30 厘米，长 1 米的水泥管或陶瓷管，出料间（水压间）一般建造成圆柱体最好，池深 1 米，10 立方米的产气池，水压应为 1.2 立方米，8 立方米产气池水压间为 1

立方米（注意：在挖坑时若遇到较松软或有暗洞的土层时，要先夯实处理后再砌垒）。

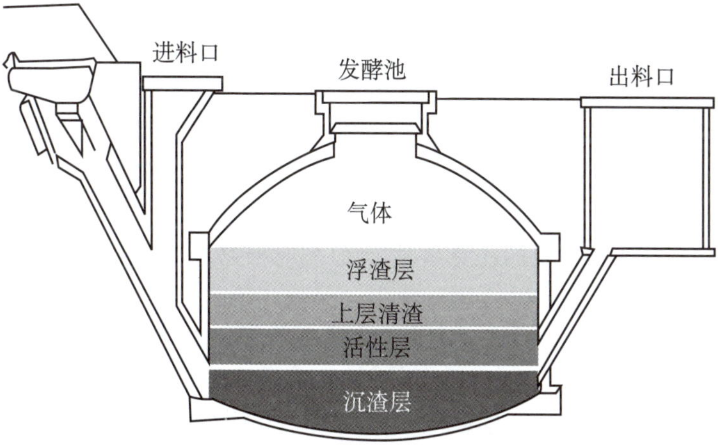

图 2-8　沼气结构图

3. 土方开挖。开挖前先放线，选定中心桩和标高基准桩。为了省工、省料，应利用池坑土壁作胎模。圆筒形池，上圈梁以上部位按放坡开挖的池坑放线，圈梁以下部位按模具成型的要求放线。开挖池坑不得扰动土胎模，不准在坑沿堆放重物和堆土。如遇地下水，应及时将积水排出。

4. 砌块沼气池的施工应将池基原土夯实，铺设卵石垫层，浇捣 150 的水泥砂浆，再浇池底混凝土，振实压光，抹成池底曲面形状，并采用“活动轮杆法”砌筑圆筒形沼气池池墙。在砌好的池墙上端，做好砂浆抹平层，然后支模，当采用工具或弧形木模时，应分段移动浇灌低塑性混凝土，捣实抹光。待圈梁混凝土强度达到 70％后，方可砌筑池拱盖。进出料管与水压间的施工及回填土，应与主池在同一标高处同时进行。安装前，应将管的密封层做好。在密封层施工前，池内表面应平整、清洁、保持潮湿。若有蜂窝麻面、孔洞时，要清除松散部分，用 13 水泥砂浆抹平抹严，待砂浆凝固后再进行密封层施工。砌块沼气池密封层的施工采用“三灰四浆工作法”施工，现浇混凝土沼气池密封层施工方法基本相同。为了安全和环境卫生，农村户用沼气池一般都在进料口、活动盖口、出料间设置盖板，盖板一般用150号混凝土预制。另外，用混凝土浇筑的每个部位，都要进行养护，要求在平均气温大于5℃条件下自然养护，外露混凝土应加盖草帘浇水养护，养护时间为7～10天。春、秋要注意早晚防冻。建池完工24小时后如果下雨应及时向池内加水，加水量应是池内装料容积的一半，以防地下水位上涨鼓坏池体。

5. 沼气池建设的注意事项：（1）应根据当地的气候条件，选择最佳季节建池，以便建后使用。深秋、冬季气候寒冷、池温低，建后不易启动。雨季或地下水位高的季节不宜建池。（2）养护时要注意：在平均气温大于5℃条件下自然养护，外露混凝土应浇水，在保持混凝土湿润状态下，加盖草帘或塑料薄膜养护，养护时间为7～10天。在沼气池密封处理后，对出料口、进料口和其他暴露部分要用薄膜盖严密。（3）对沼气池进行试压，检验池体是否漏水漏气。具体方法是：安装好导气管、三通、开关、压力表，然后向池

内灌水至池口，观察一昼夜，看水位是否下降。如果没有问题，把水抽去 1/3，盖好密封池盖，向池内再加水，压力表上升至 800 毫米为止，再观察 24 小时，压力表下降不超过 20 毫米为合格。若超过 20 毫米则为漏气，必须查出漏气部位进行修补。

桥梁设施的恢复与重建

对原有桥梁应本着经济、安全的原则合理利用。在恢复桥梁使用前应对原有桥梁进行专业技术鉴定，达不到荷载等级的可采取加固、部分利用、限载或拆除新建等方案；小桥应对其行车的安全性进行论证，确定是否利用。旧桥加宽应采用与原有桥梁相同（或相近）的结构型式、跨径，并以新旧桥共同受力为宜，提倡桥梁加宽与加固同步进行，并达到荷载等级要求。使用状况良好，因经济、技术和其他因素不能加宽、加固的桥梁应设置窄桥或限载标志（如图 2－9）。

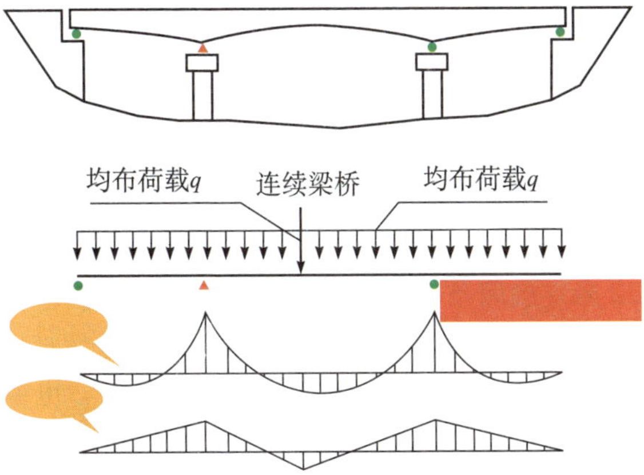

图 2－9　桥梁结构示意图

通信设施的恢复与重建

通讯设施的恢复与重建包括广播设备、有线电视和固定电话的恢复与重建。

1. 电信设施灾害评估。电信设施损坏的主要表现为设备损坏、杆塔倒塌、线路折断等。震后应对电信设施和电信线路设施进行损害估计和次生灾害风险评估。电信规划中应针对受灾情况和城市发展需求提出相应对策。

2. 电信局所规划。根据电信设施损害估计结果，尽快修复原有的电信设施。新建电信局所可参照以下技术指标：

表 2-1　　电信局所规划参考技术指标

局所容量	2 万门	3 万门	4 万门	5 万门	6 万门	8 万门	10 万门
占地面积（平方米）	2 000	2 500	3 000	3 500	4 000	4 500	5 000
机房建筑面积（平方米）	4 000	5 000	6 000	7 000	8 000	9 000	10 000
附属建筑面积（平方米）	400	500	600	700	800	1 000	1 200
服务半径（km）	0.5～1.0	1.0～1.5	1.5～2.0	2.0～2.5	2.0～2.5	2.5～3.0	3.0～3.5
服务人口规模（万人）	2.8～3.1	4.3～4.6	5.7～6.2	7.1～7.7	8.6～9.2	11.4～12.3	14.3～15.4
出局管道孔数	36 孔	40 孔	48 孔	30 孔×2	36 孔×2	48 孔×2	48 孔×2

3. 电信线路规划。其一，电缆管道的设置一般在人行道或非机动车道下，不允许在机动车道下；线路平行于道路中心线；埋深在 0.8～1.2 米，确因条件限制无法满足时，可适当减小；应埋在冰冻层以下，且在地下水位以上；管道敷设应有一定坡度，一般为 3‰～4‰，但不得小于 2.5‰，以利于排水。其二，电缆直埋的设置。直埋电缆、光缆路由要求与管道线路路由相同，埋深应为 0.7～0.9米，并应加覆盖物保护，设置标志。直埋电缆、光缆穿过电车轨道或铁路轨道时，应设置于水泥管或钢管等保护管内，其埋深不宜低于管道埋深的要求。电缆直埋铺设可用人力拉引或机械牵引，机械牵引可用电动绞磨或托撬（旱船法）（见图分别为人力牵引与机械牵引）。电缆铺设时，应注意电缆弯曲半径应符合规范要求。

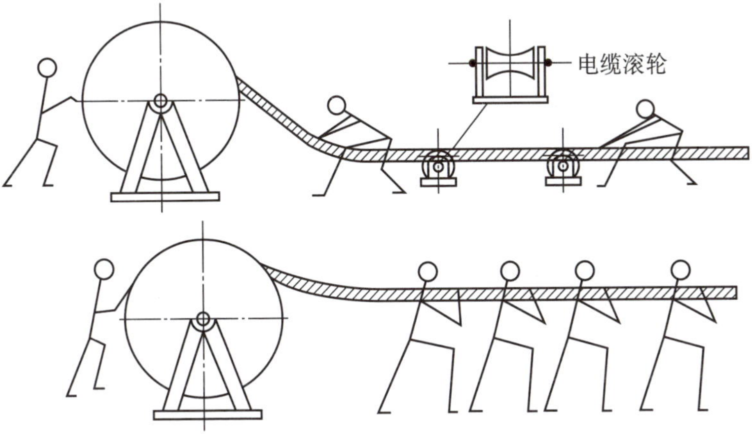

图 2-10　人力牵引

图 2-11　机械牵引

第三篇 生计恢复

Third

一、农业概况

（一）四川省农业概况

四川省位于中国西南的腹地，地势西高东低，由西北向东南倾斜，属于亚热带范围内，由于复杂的地形和不同季风环流的交替影响，气候复杂多样。东部盆地属亚热带湿润气候，西部高原在地形作用下，以垂直气候带为主，从南部山地到北部高原，由亚热带演

图 3-1 四川省地图

变到亚寒带，垂直方向上有亚热带到永冻带的各种气候类型。复杂多样的气候类型，有利于全面发展四川的农业生产。再加上四川地域辽阔，土壤类型丰富，垂直分布明显。平原、丘陵主要为水稻土、冲积土、紫色土等，是全省农作物主要产区。高原、山地依海拔高度分别分布不同土壤，其中多数有利于不同作物的生长。

四川为夏收作物、秋收作物、晚秋作物一年三季的耕作制度。主要粮食作物有水稻、小麦、玉米、红薯等。经济作物主要有油料、蔬菜、水果、茶叶、药材、花卉、蚕桑、棉花、甘蔗、烟叶、麻类等。

（二）甘肃省农业概况

甘肃地貌复杂多样，山地、高原、平川、河谷、沙漠、戈壁交错分布。大致可分为各具特色的六大区域：陇南山地、陇中黄土高原、甘南高原（典型的高原区）、河西走廊、祁连山地、河西走廊以北地带。其中河西走廊地势平坦，机耕条件好，光热充足，水资源丰富，是甘肃主要的商品粮基地。河西走廊以北地带难以耕作。

图 3－2　甘肃省地图

甘肃省气候干燥，气温日差较大，光照充足，温度和降水各地差异很大。从东南到西北包括了北亚热带湿润区到高寒区、干旱区的各种气候类型。甘肃省气象灾害的种类繁多，灾情也比较严重。主要的气象灾害有干旱、大风、沙尘暴、暴雨、冰雹、霜冻和干热风等。干旱是甘肃省最主要的气象灾害。

甘肃粮食作物品种有冬小麦、春小麦、大麦、玉米、青稞、荞麦、糜谷、高粱、水稻、洋芋和豆类等，其中小麦是主体作物，分布遍及全省，约占全省粮食作物的一半以上。主要经济作物有棉花、油料、大麻、蓖麻、芝麻、甜菜、苏子、向日葵、大蒜、茶叶、烟草、啤酒花等。

（三）陕西省农业概况

陕西省位于中国西北地区东部的黄河中游，陕西地势的总特点是南北高、中部低，地势由西向东倾斜。北山和秦岭把陕西分为三大自然区域：北部是陕北高原，中部是关中平原，南部是秦巴山地。关中平原西地势平坦，交通便利，气候温和，物产丰富，粮油产量和国民生产总值约占全省的2/3，是全省的精华之地，号称“八百里秦川”。陕南秦巴山地包括秦岭、巴山和汉江谷地。汉江谷地土质肥美，物产丰富。

图 3－3　陕西省地图

陕西主要粮食作物有稻谷、棉花、玉米、薯类等。经济作物主要有棉花、油料、蔬菜、豆类、油菜籽、向日葵、花生、水果、药材等。

二、种植业生产环节

（一）品种的选择

1. 购种时要小心。

（1）注意鉴别种子的真伪、质量的好坏、是否在保质期限内等。

（2）到由农业行政部门管理的有许可证照，并有良好信誉的种子经营企业购买，千万不要从无照的流动贩子手里购买。

（3）要及时向经营者索取并保存好相关购物票据、保管好种子包装物并尽可能记下其他相关信息，以便出事时作为处理的依据。

2. 播种时要细心。

（1）农户要仔细看清种子的说明书和注意事项，不识字的要请有文化的人帮助看清楚，依说明书行事。

图 3－4 看清种子说明书等信息

（2）要按说明书提示的方法和要求去播种。

3. 引种时要谨慎。

购买和引种来自外区域的“优良”品种时，应先小面积试种，在取得种植成功后，才能大面积推广。

4. 有问题快举报。

（1）用户如果买到假种子、劣种子，但没有播种，应及时找经营单位（户）调换或退货，并且向当地农业、技术监督部门或消费者协会投诉。

（2）造成农作物减产的，用户可以就损失赔偿问题与经营单位（户）协商解决。如协商不了，用户单方或与经营单位双方申请当地农业或技术监督部门仲裁鉴定。

投诉

（3）严重减产甚至绝收，应及时向当地农业、技术监督部门或消费者协会投诉。经法定的种子质量检测机构鉴定确系种子质量问题，用户可根据实际损失情况（直接损失和可得利益损失）向经营单位（户）提出赔偿，如果发生赔偿争议，用户可以向当地人民法院提起诉讼。

（二）驱虫与增产

农业部分析：2009年全国农作物重大病虫害偏重发生，比2008年增加5%左右。其中，小麦条锈病、稻纵卷叶螟、稻飞虱、水稻螟虫、草地螟、玉米螟、棉铃虫仍将严重发生，小麦赤霉病、稻瘟病、油菜菌核病有潜在流行威胁，玉米粗缩病、水稻条纹叶枯病等病毒病发生范围扩大。

1. 密切关注当前病虫害的预测分析，按照专家意见，有目的的防治病虫害。

2. 防治病虫害的方法：频振式杀虫灯、昆虫性引诱剂、粘虫板、化学农药、生物农药等。

3. 几种不同剂型的农药的使用方法。

（1）粉剂：一般不能加水喷雾，适合在早晚无风或微风时使用。

（2）可湿性粉剂：可作喷雾、毒饵和土壤处理等用。

（3）可溶性粉剂：可直接对水喷雾或泼浇。

（4）乳油：乳剂加水后为乳化液，可用于喷雾、泼浇、拌种、浸种、毒土、涂茎等。

（5）超低容量制剂：是直接用来喷雾的药剂，使用时不能加水。

频振式杀虫灯、昆虫性引诱剂、粘虫板

（6）颗粒剂和微粒剂：主要用于灌心叶、撒施、点施、拌种、沟施等。

（7）缓释剂：主要用于灌心叶、撒施、点施、拌种、沟施等。

（8）烟剂：主要用来防治森林、设施农业病虫及仓库害虫。

4. 正确使用农药。

（1）到正规的农资单位选购农药，看清所要购买的农药品种，生产日期和产品说明书，不要买超过保质期的农药。尽量现买现用。

（2）用药要对症、喷药要到位。

（3）家中如果存有上年剩余农药，如果发现已超过保质期，不要用。忘记是否有效，也不要用。如果标签脱落，忘记了农药品种，千万不要错用乱用。

（4）农户当年购买的农药尚未用完，准备明年再用，要做到以下几点：

①要把瓶盖拧紧，密封保存；

②保持温度；

③避免高温和日晒；

④通风换气，保持干燥；

⑤不同性质的农药，在贮存保管时要隔开存放，距离保持在 0.5 米以上；

⑥没用完的两种农药，不能混装在一个瓶内。

（5）农户贮存的剩余农药一定要有完整的瓶贴，农药品名、批号、生产日期和保质期的字样要清晰。对瓶贴损坏的，一定写好农药的保质期与使用注意事项，贴在农药的外包装上。

除草、追肥

我国全面禁止使用的 23 种农药：甲胺磷、除草醚、甲基对硫磷、艾氏剂、对硫磷、狄氏剂、久效磷、汞制剂、磷胺、砷、铅、六六六、滴滴涕、敌枯双、毒杀芬、氟乙酰胺、二溴氯丙烷、甘氟、杀虫脒、毒鼠强、二溴乙烷、氟乙酸钠、毒鼠硅。

5. 管理上要精心。

（1）根据不同品种，有规律细心地进行除草、追肥等。

（2）要多咨询农技部门及农技人员。

中国农技推广网

（3）有条件的种植大户和农业合作社的农民应从正规的农业科技网上吸取农作物播种和管理方面的知识。

集体仓库

6. 轮作倒茬，使用腐熟肥料。

（三）销售与储藏

1. 销售。

（1）根据村委提供的销售信息和渠道销售。

（2）将作物等分类管理、搭配售卖。

（3）向有经验的农户学习销售经验。

2. 储存。要尽量保持原有品质，种粮还要保持高发芽率，防止不应有的损失。贮藏时必须控制籽粒水分与温度，做到防霉、防虫、防鼠、防雀、防火；种子还要防混杂。没有卖掉的粮食作物，可以根据自身情况存放在家中或者集体仓库或者村里统一联系的邻镇仓库中。

（1）防潮方法。

①粮食要晒干，并除去沙石、泥土；

晒干粮食、除去砂石

②注意储粮装具清洁，种类、好次、干湿、新陈分开存放；

③储粮应放置在室内温度较低，阳光直接照射不到的地方。可在装具外壁加设塑料泡沫板等隔热材料隔热；

④缸（罐、坛）贮藏法。装粮前先晒缸，在缸下垫干沙和塑料薄膜等。贮粮缸内放一个塑料食品袋，装满晒干的粮食后把袋口用绳子扎紧，再用塑料薄膜把缸口封严；

⑤通风和密闭。当外界气温和湿度低于粮温和湿度时，应及时通风，使粮堆降温散湿；反之，应及时密闭粮堆。

（2）防虫方法。

①沸水烫泡法；

②草木灰、煤灰和石灰；

③生姜、大蒜；苦楝叶防虫法；松香防虫法；艾草防虫法；橘皮、红辣椒、生姜防虫法；烟茎防虫法；香椿树叶防虫法；

④沼气防虫灭虫法。定期向粮囤内或粮缸内通入沼气，然后密封粮囤粮缸；

⑤防虫剂。

（3）粮食防霉。

①粮食要干燥，纯净，完整，无虫，无病；

②保持粮仓，器材，仓库环境的清洁卫生。不同质的粮分开储存；

③保持环境干燥、低温、缺氧。

三、养殖与防疫

（一）养殖技术

猪

1. 生猪生产灾后重建技术措施。

（1）猪舍重建。

猪舍修建

①水泥栏舍，屋顶多用人字架，少采用平顶或圆顶；

②猪舍进出风口能调节，猪舍不要透风；

③猪舍要保温。既可利用红外线保温灯、保温板等给仔猪取暖，也可以在猪舍内烧木材、木炭等增加室内温度。对于敞开式农户猪舍，可用编织布或者缝合的编织袋作为挡风布帘，遮挡风向位置，尽量减少透风、防止贼风，也可在猪床上加铺15～20厘米厚的软干草、软秸秆，以保暖、吸湿、除潮；

④及时清理猪粪，保持猪舍清洁、干燥、舒适。发生过疫病的栏舍，应进行彻底消毒。

打扫猪舍卫生

(2) 种猪的春季配种及仔猪的选购。

①重视后备母猪的选留，适当提高选留比例，及时补充青年母猪；加大推广人工授精力度，提高优良种公猪的使用范围；

②购买仔猪，一定要看好是否健康，并索要“三证”。在购买仔猪时应问清仔猪以前所采食饲料的种类、饲喂时间及次数，以便有针对性地进行饲养管理或更换饲料。更换饲料时要循序渐进，不可一次性全部更换完毕。

(3) 科学饲养。

①购进仔猪第一天，要先喂给0.1%的高锰酸钾溶液或在饮水

中加入抗生素，并供给充足的清洁饮水。饮水后让仔猪自由活动，待其觅食时再喂给适量的青绿多汁饲料或颗粒饲料。第二天以后逐渐添加一些精饲料，让仔猪吃七八成饱即可。仔猪完全适应了饲养环境和饲养人员后就可转入正常饲喂。开始饲喂正常饲料时让其自由采食，并在饲料中添加强力霉素，每日每头 0.4～0.8 克，以防止仔猪下痢。为增强仔猪胃肠的适应能力，还可在饲料中添加酵母粉或苏打片；

②要提高饲料能量水平，保证猪生长所需的能量。在保持蛋白质水平不减的情况下，增加能量饲料 10%～30%，一般采用玉米、稻谷等含能量较高的原料，必要时添加 2%～3%的动植物油；在饲料中添加具有抗应激、抗氧化能力的维生素、氨基酸等饲料添加剂，通过营养调控，提高猪的抗病力和抗逆性；增加一些当地农副产品的应用，缓解饲料原料供应短缺的矛盾。饲喂要定时、定量、定温、定质。

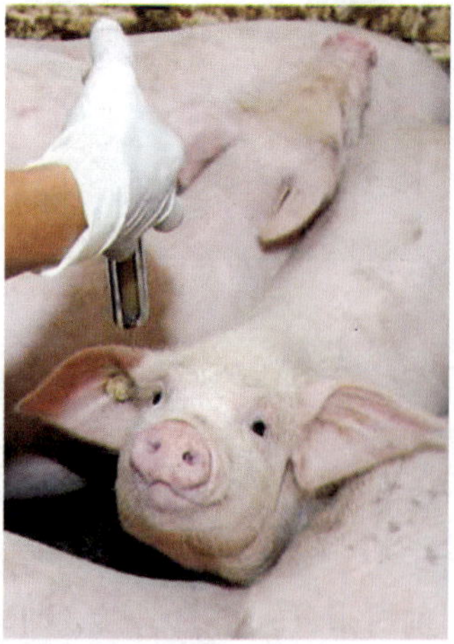

（4）加强生猪疫病综合防治。外来人员进入猪场要消毒、换鞋、更衣等，离开后要立即进行全面消毒，严禁外来人员自由进出猪场；适当添加具有预防呼吸道疾病作用的药物添加剂，控制猪呼吸道疾病发生；加强猪群健康水平监测，做好猪群生长状况、血清

学抗体水平、猪蓝耳病等病毒的检测；出现异常的生猪要立即采用有效措施进行隔离、治疗，甚至扑杀处理，防止疫情扩散；合理调整免疫程序，防止因免疫过度引起免疫系统紊乱、无法产生抗体现象的出现；做好猪群保健工作，重点是母猪产前一周和仔猪断奶前后一周的护理。

2. 母猪饲养技术。

（1）选择优良猪种。杂种母猪在繁殖性能上具有杂种优势。在选择后备母猪时，体型上应平直或微倾，腹部比较大而松弛，腹部过度收缩的母猪繁殖力都比较差。母猪奶头排列要整齐均匀，一般在 7 对以上，奶头饱满不能有瞎头、副乳头等。保持中等膘情的母体（不肥不瘦）繁殖性能较好，瘦肉率过高的母猪，其繁殖性能较差。

（2）母猪繁殖。

①应让繁殖母猪在春、秋两季气温较适宜的时间里产仔。具有良好产房设施的大中型猪场，也可试行常年四季产仔，以提高繁殖效果；

②对断奶 5 天以上不发情的母猪，可以一次肌肉注射三合激素 2 毫升催情。

（3）加强种公猪和妊娠母猪的饲养管理。

①种公猪体质结实，四肢稳健，性欲旺盛。公猪每天应运动两次，上午和下午各一次。要配制专用的公猪饲料并限量饲喂，既保证营养跟上，又不使公猪过肥。配种强度要适当，2～4 岁成年公猪每天可配 1～2 次，每周有 1～2 天休息；

②母猪妊娠后要控制饲料的喂量。对于个别偏瘦偏肥的母猪应适当加减饲料，妊娠母猪的标准体况是中等偏上膘情。对于大群同栏饲养的妊娠母猪不应中途并栏，以免挤、斗等刺激。平时要做好防疫消毒工作，消除体内外寄生虫。

（4）做好接产和哺乳母猪的饲养管理。

①母猪在分娩过程中，要有人照顾，保持环境安静。若有难产，通常用催产素肌肉注射。若 30 分钟后仍未产出，则要进行人

工助产，助产人员一定要按操作规程助产；

②为预防产期多发病，可采取母猪产后迅速打一针的预防措施。方法是：产仔后（产后12小时内），用氨基比林10毫升、青霉素200万单位、链霉素100万单位，混匀，于母猪颈部耳后2至3厘米处肌肉注射；

③母猪产后应少喂饲料，同时连续3～5天适当补加食盐，1周内喂料量不宜增加太快，2周后开始正常饲喂。应注意检查哺乳母猪的乳房，对发生乳房炎的母猪应及时治疗。泌乳期母猪饲喂要遵循“少给勤添”的原则，一般每天喂3～4次。

（5）做好仔猪腹泻的预防与治疗。

哺乳仔猪常见的腹泻病有仔猪黄痢、白痢、传染性胃肠炎和流行性腹泻，此外还有感冒等。

要以预防为主，平时做好环境消毒。应坚持“全进全出”生产模式，集中产仔，集中断奶，集中消毒，防止交叉感染。要加强消毒，保持舍内温暖干燥。

（6）把好母猪饲料关。

应按照哺乳母猪的营养需要配制全价日粮，全面满足营养需要，特别注意能量、蛋白质、维生素和矿物质的营养。

3. 夏季养猪要点。

（1）做好猪舍的遮阳通风工作，使阳光不能直射到猪舍。农村养猪大都是开放式猪舍，应在舍前搭一临时凉棚遮荫，防止阳光直射。也可在舍围搭棚，或栽种葡萄、南瓜等藤蔓类植物，让其藤蔓爬满凉棚遮荫。还可用清凉水冲洗圈内地面墙壁降温，有自来水条件的接水管，每天冲洗几次，没有自来水的用盆盛水冲地，以降低舍温。

（2）供给充足清洁的饮水。夏季养猪最好喂稀食，并在圈内放上水盆或水槽，随时供应清洁的饮水。在高温情况下可以在猪圈内挖一个坑，坑内灌足凉井水，供猪打泥用，若圈内小而无条件挖池的，可在附近挖池，下午隔一段时间把猪放出来，让猪自由翻身浸泡10～20分钟。初出井的水要在日光下晒一会儿，才能用水进行冲洗猪体，切不可将凉井水直接泼到猪身上。用水冲洗猪体时，应安排在饲喂前，喂后 30 分钟内不能洗，更不能用水突然冲猪头部。

（3）在高温季节应减小养殖密度，肥育猪应每头占 1 平方米以上为好。

（4）应注意饲料的新鲜和适口性。不要随便更换饲料，特别要注意防止饲料的霉变，可以在饲料中加入一些霉菌吸附剂。多喂清热泻火的饲料和添加剂。常见的清热泻火饲料和添加剂有麦麸、豆饼、花生饼、人工盐、南瓜及去火增食剂等。高粱、瓜干和酒糟等热性饲料尽量少喂。

（5）保持猪舍的清洁，驱除蚊蝇，防止猪传染性疾病的发生。猪舍应打开所有通风孔，使猪体凉爽舒服，舍内可铺垫卫生砂粒 3～5厘米厚，通过猪体与砂料的接触而散热。每天用 20％的石灰乳喷洒墙壁和地面进行消毒，用 3％石碳酸溶液消毒所有的饲具。

（6）在炎热的夏天，给育肥猪饲粮中添加一定量的小苏打，能有效地增进食欲，预防中暑，用量为每头每天 3～4 克，拌入饲料，还可以在饲料中混入清热解毒中草药和投喂西瓜皮，都有很好的解暑降温作用。

（7）在早晚凉爽时让猪吃饱、吃好。可以在晚 7 点、夜间 11 点、凌晨 4 点各喂一次饲料，在上午 10 点和下午 2 点半各喂一次 0.5％的食盐水。饲喂数量如下：猪体重在达到 35 公斤之前每天喂食 2 公斤，饮盐水 2 公斤；猪体重在 35～60 公斤时每天喂食 2.75 公斤，饮盐水 5 公斤；猪体重在 60 公斤以上时每天喂食 3.5 公斤，饮盐水 7.5 公斤。

鸡

1. 肉鸡生产灾后重建技术措施。

（1）鸡舍。对因灾损毁的鸡舍及时加固抢修，排查检修电路，防止电线损坏，挖好并加固鸡舍周围的排水沟，新建鸡舍场址选择的基本原则是选择地势高，远离居民区、工业区和“三废”污染区的地方。同时水源要充足、水质要好。土壤环境质量应达到农业部制定的无公害食品标准。周围环境要安静，分散建场，不搞密集小区养殖。鸡舍建筑设计布局要合理，通风、降温、保暖设施齐全。要求鸡舍跨度 6.5～8 米，长度根据肉鸡数量而定。屋顶隔热保温性能好，每间隔 3～4 米留一个通气孔，加强通风换气。

舍内垫料不宜过脏、过湿，灰尘不宜过多，用具安置要有序，经常杀灭舍内蚊蝇。场区内要铲除杂草，不能乱放死鸡和垃圾等，保持经常性良好的卫生状况。场区门口和鸡舍门口要设有消毒池，并经常保持烧碱有效浓度。饲养管理人员要穿工作服，鸡场要限制外人参观，更不准运鸡车进入。

（2）选择良种。根据当地生产条件和市场需求，从证照齐全、生产管理水平较高和售后服务较好的种鸡场，引进优质肉鸡品种。要深入了解父母代种鸡场及孵化场生产管理情况，查验《种畜禽生产经营许可证》、《种畜禽合格证》、《动物防疫卫生许可证》和检疫合格证，充分了解种鸡场的防疫、发病、用药、治疗情况。同一批雏鸡应来源于同一父母代鸡群。雏鸡要羽毛良好，清洁而有光泽。脐部愈合良好，无感染，肛门周围羽毛干爽。行动机敏、活泼，叫声洪亮，握在手中挣扎有力，鸡爪光亮如蜡。在 24 小时内运送到育雏室内。在运输时应每隔 2 小时检查一次雏鸡情况，保证通风，温度应达到 22℃～25℃。做好防雨，避免挤压伤亡。

（3）强化安全措施。适时免疫接种，密切监测抗体水平和鸡群动态，有效预防传染性支气管炎、禽流感、新城疫、喉气管炎等冬春季常发病的发生。选用的疫苗必须质量可靠。免疫程序要适合当地疫情和本场实际。选用高效、低廉、使用方便，对人和家禽安全、无残留毒性，并且在禽体内不产生有害物质的消毒剂。及时淘汰处理伤残鸡。死鸡可采用洒生石灰深坑填埋或焚烧等方式及时处理，防止疾病传播。

（4）加强饲养管理。适时调整日粮组成。加强保温措施，保持干燥。注意通风换气，保持空气新鲜。饮用温水。饮水或饲料中补充多维、电解质等保健、抗应激药物，增强鸡抵抗力。

（5）做好生产记录。每天应定时如实填写鸡舍温度、湿度变化，做好鸡饮水、饲料用量、耗料、更换时间、料号、消毒、免疫、存栏、病、弱、残、发病、用药、治疗、剖检、病死鸡的无害化处理等情况记录，每周定期对2%的鸡群在空腹时进行称重监测，每天观察鸡的运动行为、羽毛、粪便、呼吸等状态，综合分析，发现问题及时诊治处理。为日后的生产管理监督和养殖效益核算提供借鉴。

（6）肉鸡转群后死亡的预防。适当延长转群时间。根据实际条件适当延长到肉鸡20～30日龄再转群。加强转群管理。可根据鸡群的具体健康情况在饲料中间歇性地添加0.1%的氯霉素粉，在饮水中添加适量的庆大霉素。强化后期管理。

2. 蛋鸡的管理要点。

蛋鸡要注意体重控制，控制光照和饮水。每天的喂料量、喂料时间、次数、饲料配方、增补光照时间等要随季节、周龄适时调整。要注意环境。蛋鸡生长、生产的理想温度是18℃～23℃。蛋鸡在产蛋期内的最佳相对湿度50%～60%。冬季要使用负压通风。噪音、冷热、换料、开产、免疫等都可造成蛋鸡的产蛋率下降。要保证水、电、温度的正常供给。喂料要及时，拌料均匀。要搞好鸡舍内水槽、料槽、环境的卫生，定时给鸡消毒。

（1）蛋鸡的光照管理。育雏、育成期，随着鸡日龄的增加，每天光照时间保持恒定或逐渐减少，切勿增加；产蛋期，光照时间先增加，然后保持恒定，不能减少。

①不能随意改变光照时间；

②增加光照时一次不能超过1小时；

③开放式鸡舍需人工补充光照时，将人工补充的时间分早、晚各补充一半为宜；

④光照时间的控制多采用自控灯装置——计时器，也可人工定时开关灯；光照强度的控制一般采用调压变压器，也可通过更换灯泡瓦数大小简单控制；

⑤灯泡高度距地面2米以上，以防人员碰到；一般要求带反光罩。灯距3米，以保证舍内各处得到均匀的光照；

⑥开始增加光照时间要根据鸡群平均体重和该品种开产时的标

准体重比较结果而定；

⑦鸡群未达到适宜体重之前不应使用光照刺激。若对轻于体重标准的鸡群进行光刺激产蛋，则将生产小于正常的蛋，并使高峰产蛋减少或过高峰期产蛋下降。

（2）蛋鸡补钙。

①在产蛋期间，日粮中添加钙，应当以海产粗贝壳粉或粗粒石灰石的形式供给。新鲜贝壳应注意消毒。千万不能喂生骨粉；不能喂羊骨粉；

②给连产母鸡补钙，并非越多越好。如果日粮中含钙量超过4%，即会出现不良症状；

③补钙时间连续产蛋母鸡多在上午产蛋，连续产蛋母鸡上午不需要补钙。在每天下午2～6时，给蛋鸡补饲钙质饲料效果最佳；

④补钙方法钙源饲料可单独放置，任鸡自由采食，也可混于饲料中饲喂。

（3）蛋鸡增产。

约在25～44周龄蛋鸡处在产蛋高峰。这期间除应供给充足的蛋白质饲料，适当控制能量饲料及进行科学合理的补钙外。

①通风。生产中，就在鸡舍的底部设置地窗、中部设大窗、房顶设带帽的排气圆筒。夏季全部开放，冬季可关闭中部大窗，仅打开部分地窗和房顶的排气圆筒，也可在中部设排气扇，以便在冬季快速排出舍内污浊的空气。冬季要密切注意通风系统，不可引起贼风或把舍内温度降得太低；

②光照。蛋鸡从20周龄开始，每周增加光照0.5小时，直到每日达到16小时为止，以后每天保持16小时光照，到产蛋鸡淘汰前4周再逐渐增加到17小时直至淘汰。人工补充光照，以每天早晨天亮前效果最好；

③温度。产蛋鸡最适宜的温度是13℃～23℃。夏季注意鸡舍通风，适当降低饲养密度以降低舍温。冬季可生大炉，通暖气加温；

④湿度。产蛋鸡的适宜湿度在60%～70%左右。生产中可结合

喷雾提高舍内湿度，降低粉尘污染；通过加强通风，或在鸡舍放生石灰吸潮除湿；

⑤饮水。产蛋高峰期应供给符合饮用水标准的充足清洁饮水；

⑥应激。要保持鸡舍及周围环境的安静，饲养人员应穿固定的工作服，闲杂人员不得进入鸡舍；堵塞鸡舍的鼠洞，定期在舍外投毒饵消灭老鼠；把门窗、通气孔网、铁丝网封住，防止猫、犬、鸟、鼠等进入鸡舍；严禁在鸡舍周围燃放烟花爆竹；饲料加工、装卸应远离鸡舍，防止噪音应激；

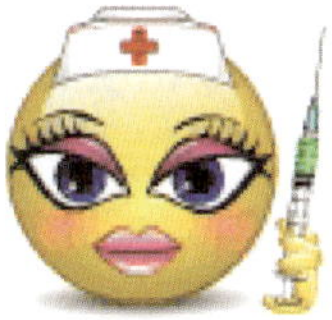

⑦捡蛋。及时捡蛋，创造无蛋环境，可以提高鸡的产蛋率。鸡产蛋的高峰一般在日出后 3～4 小时，下午产蛋仅占全天的 20%。生产中根据产蛋时间和产蛋量，每天捡蛋 2～3 次。

（二）防疫技术

《中华人民共和国动物防疫法（修订）》（1997 年 7 月 3 日第八届全国人民代表大会常务委员会第二十六次会议通过，2007 年 8 月 30 日第十届全国人民代表大会常务委员会第二十九次会议修订）

1. 打预防针。

疫苗首次注射免疫后，要在免疫保护期满之前再次注射疫苗进行预防免疫。“预防为主、防疫先行”的方针，认真按动物防疫监督管理部门推行的免疫程序做好免疫防疫工作。

消毒

2. 严格消毒。

（1）消毒液的配制要严格按照消毒剂的配比要求，选用清洁卫生的饮水进行配制。

（2）配制好的消毒液要及时使用，不能长时间存放。

（3）消毒的重点对象是畜禽的圈舍、饲养用具、运输工具、交易场所、仓库、工作服、鞋帽、器械、圈舍周围环境等。

（4）要保持2个以上不同种类的消毒剂进行交替使用。

3. 加强饲养管理。

（1）科学合理供给日粮和健康卫生的饮水。

（2）保持清洁、良好的圈舍卫生。

（3）要有科学合理的通风设施，做到冬天能保暖夏天能防暑。

（4）保持合理的饲养密度和规模，杜绝畜禽混养。

（5）采取“全进全出”的养殖模式。

（6）改散养、粗放式向规模化、集约化生产和经营。

（三）大型养殖户的销售信息与渠道

1. 建立协会，分散养殖、共同经营、风险共担、利益共享。

2. 大型养殖场可以联系熟食加工场。

3. 小型养殖场，可以在同城的农贸市场联系，比如与学校、工厂食堂等建立稳定的供货关系。或者自己弄个销售点。

4. 向有经验的养殖户取经。

5. 积极关注并主动联系相关部门，寻求信息援助。

经验交流和学习

第四篇　环境保护与传统文化保护

Fourth

一、环境保护

（一）环境保护基本常识

现代环境保护要求人们更加注重人与环境的和谐、友好关系。随着农村环境问题日益突出，农村社区的居民需要从日常生活的各个方面来维护环境，这包括衣、食、住、用等方面。

日常环保常识——衣

1. 多用手洗衣服。
2. 选用节能洗衣机。
3. 使用不含磷的洗衣粉。

日常环保常识——食

1. 多选用绿色食品。

2. 不要浪费粮食与畜产品。

3. 饮酒适量，啤酒和白酒过量损害身体健康。

4. 减少吸烟，吸烟有害身体健康。

日常环保常识——住

1. 节能装修。

（1）减少装修铝材使用量；

（2）减少装修钢材使用量；

（3）减少装修木材使用量；

（4）减少建筑陶瓷使用量。

2. 使用节能砖。

日常环保常识——用

1. 合理使用空调。

（1）夏季空调应适当调高，国家提倡的空调的标准温度是 26℃；

（2）选用节能环保空调；

（3）出门提前几分钟关空调。

2. 合理使用电风扇，调低档速，减少耗电。

过去只求吃得饱 现在要求吃得好

3. 农村住宅使用太阳能供暖。

4. 采用节能的家庭照明方式。

(1) 家庭照明改用节能灯，以高品质节能灯代替白炽灯；

(2) 在家随手关灯，可以减少耗电。

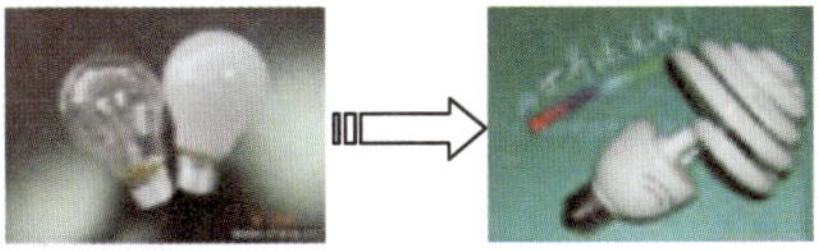

5. 用布袋取代塑料袋。

6. 不使用一次性筷子。

7. 使用冰箱注意节能。

(1) 选用节能冰箱；

(2) 减少冰箱开启时间；

(3) 及时给冰箱除霜。

8. 合理使用电视机。

(1) 每天少开电视；

(2) 将电视屏幕设置为中等亮度。

9. 适时将电器断电。

(1) 饮水机不用时断电；

(2) 及时拔下家用电器插头。

10. 合理用水。

(1) 使用节水龙头；

(2) 避免家庭用水跑、冒、滴、漏；

(3) 用盆接水洗菜，代替直接冲洗。

11. 采用节能方式做饭。

(1) 煮饭提前淘米，并浸泡十分钟，可大大缩短米熟的时间，淘米水可用来浇花草或者洗碗；

(2) 选用节能电饭锅。

12. 妥善处理农药包装。

（1）可采取集中、定点深埋；

（2）回收加工重新再利用。

（二）排污知识与技术常识

排放、处理污水

1. 污水的来源。

农村污水的主要来源就是洗涤、沐浴、厨房和冲厕排水，特别是农村乡镇企业的污水排放污染、养殖的污水排放。绝大多数农村对污水的处理就是直接泼洒，污水沿道路边沟、路面直接流至最近水体或者排入农田，对环境产生如下影响：

（1）孳生蚊蝇，便于细菌繁殖，散播传病病源，影响当地村民的身体健康；

（2）破坏水环境，影响农村人居环境；

（3）污水下渗，污染地下水，严重影居民安全饮水；

（4）农村生活污水中富含氮磷，导致水体富营养化。

2. 污水处理技术常识。

（1）小型沼气池处理模式。村庄内地势较复杂，不易统一铺设污水管道，应实行多户联建沼气池处理模式；农居特别分散的，单户安装玻璃钢生活污水厌氧净化器处理。

小型生活污水净化沼气池应用常温厌氧发酵技术，它由厌氧发酵、兼性消化过滤、污水回流和填料等工艺组成。生活污水中大部分有机物经厌氧发酵后产生沼气，发酵后的污水进入兼性消化过滤池，部分未分解的有机物得到进一步降解。沉淀下来的部分有机质和活性污泥回流到厌氧发酵池内提高厌氧发酵的效果，将达到净化处理的目的。如图 3－1 所示：

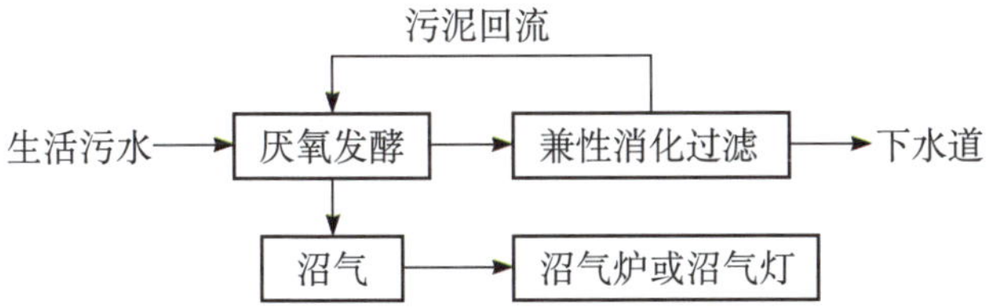

图 3－1　小型生活污水净化沼气池工艺流程图

小型污水净化沼气池图：农村环境综合整治的大型沼气装置

（2）人工湿地处理方式。修建 2～3 立方米不等的水泥池，进行处理。池子上方栽种根系发达的花草植物如：宝贵竹、风车草、美人蕉等，吸收污水中分解的有机物，从而净化污水。

“人工湿地式”不受地形制约，投资不大，运行维护简单，处理后的污水可浇花种草。人工湿地的一般工艺流程如图3－2所示：

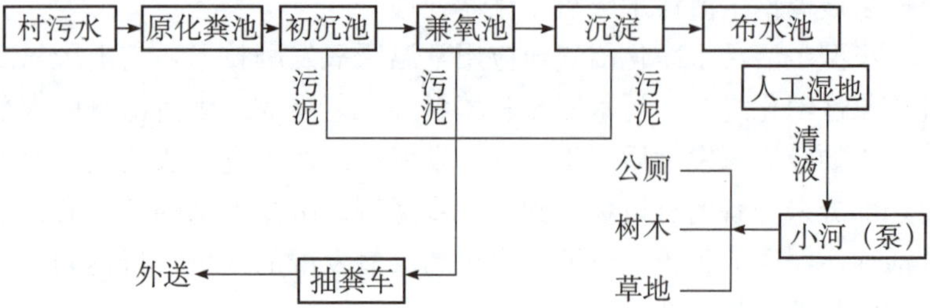

图 3－2　人工湿地处理方式流程图

垃圾的分类与处理

1. 生活垃圾的处理。

（1）可回收垃圾包括纸类、金属、塑料、玻璃等，通过回收利用；

（2）厨房垃圾堆肥处理；

（3）有害垃圾（电池、日光灯管、水银温度计、过期药品、医疗垃圾等）应当单独收集、运输、处理；

（4）人粪尿中含有大量的病菌、虫卵和其他有害物质，直接排放到环境中，就会污染空气、水源、土壤以及农作物，进而传播疾病危害人和禽畜的健康。

对人粪尿无害化处理的方法主要有：

加盖沤制。将人粪尿贮于粪池或粪缸之中，加盖密封。

密封堆制。把人粪尿与作物秸秆、垃圾、马粪等混合制成高温堆肥，利用堆肥产生的高温杀虫灭菌。

药物处理。用敌百虫、石灰氮或农村中有毒的野生植物（如打破碗花、苦楝、枫杨、桐子饼等）处理人粪尿。

（5）其他垃圾（砖瓦陶瓷、渣土、卫生间废纸等难以回收的废弃物）采取挖坑压实填埋的方法。

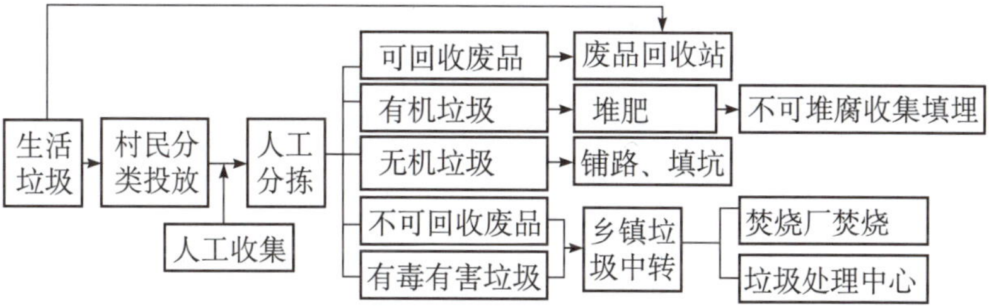

图 3－3　垃圾处理模式图

2. 建筑垃圾的处理方式。

回填土、水泥原料、制作道路铺设的建筑材料、作为庄基模料加固软土地基等，尽可能地循环利用。剩余垃圾可以采用单独收运、单独处理的方式，建设建筑垃圾处理场进行填埋或者堆山处理。

禽畜养殖的污染与处理

1. 禽畜养殖对环境的影响。

（1）空气污染。养殖场对大气的污染主要是畜禽的粪尿产生的一些有毒或有气味的混合气体。畜禽饲料中的70%左右的含氮物质被排泄出来。如果不及时处理，在高温下迅速腐败发酵，产生硫化氢、氨、胺、硫醇、苯酸等有毒有害气体，在空气中含量达到一定浓度时会对人和动物产生有害影响。

（2）水体污染。粪便和冲洗粪便废水中含有氮、磷及粪渣等有毒有害物质通过地表径流污染地表水，大量的氮、磷流入会导致水体富营养化，最终使水体变黑发臭，导致鱼类及水生物死亡，也可以通过土壤渗入地下污染地下水，使地下水水体有毒成分增多，严重时使其丧失使用能力。

（3）土壤污染。畜禽粪便中含有大量的钠盐和钾盐，如果直接用于农田，会造成土壤的微孔减少，通透性降低，破坏土壤结构。为提高动物肉蛋产量，减少发病率，在畜禽饲料中往往使用各种饲料添加剂，如生长激素抗生素、有机化学品（杀虫剂）、有机砷、铜、锌和铁等，经畜禽粪便浓缩后直接作为肥料用于农田，可造成土壤盐分和重金属的积累。

（4）生物污染。粪便中含有大量的病原微生物和寄生虫卵，如不及时处置，会孳生蚊蝇，使环境中的病原种类增多，菌量增大，使病原菌和寄生虫蔓延，严重危害人畜健康。

2. 禽畜养殖污染防治方法。

（1）禽畜养殖场选址。新建、改建、扩建的应避免在生活饮水水源保护区、风景名胜区、自然保护区的核心区及缓冲区；县级人民政府依法划定的禁养区域；国家或地方法律、法规规定需要保护的其他区域附近建设。

（2）粪便清理。排水系统应实行雨水和污水收集输送系统分离，不得采用明沟建设；单独清出粪便，不可与尿、污水混合排出；要尽量少用水冲粪、水泡粪等清粪方法，多用干法清粪工艺如：铁锹铲粪法、清粪机等。

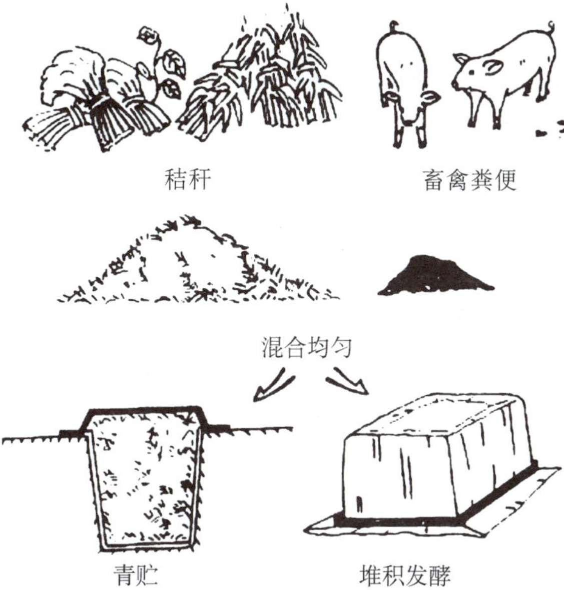

（3）粪便贮存。禽畜粪便应设置专门的贮存设施，其恶臭及污染物排放应符合《禽畜养殖业污染物排放标准》；贮存设施的位置应远离各类功能的地标水体（距离不得小于 400m），并应设在养殖场生产和人们居住区的常年主导风向的下风向或侧风向处；在运输、贮存的过程中应采取有效的防渗、防漏措施；贮存设施应设置顶盖防止雨水进入。

（4）粪便利用。禽畜养殖场粪便饲料化技术：

①干燥术。自然干燥。将新鲜的畜禽粪摊在水泥地面或塑料布上，随时翻动，让其自然干燥，之后粉碎加入其他饲料中饲喂。高温干燥。畜禽粪中含水量较高，约为 70%～75%。有条件的可通过高温快速干燥机进行加热，在短时间内使其含水量降到 13%以下。此法快速，灭菌彻底，但养分损失大，成本也高。

②青贮术。只要有足够的水分（40％～60％）和可溶性碳水化合物，畜禽粪便即可与作物的残体、饲草、作物秸秆或其他粗饲料一起青贮。

用排泄24小时之内的新鲜粪便

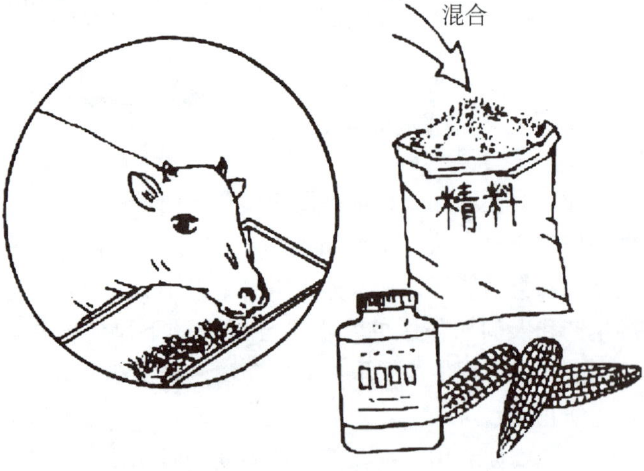

青贮时，畜禽粪便与饲草或其他饲料搭配比例最好为 1∶1。

下列配方可供参考：牛粪 30％，鸡粪 25％～30％、米糠 5％～15％，三叶草 15％～20％，豆饼 5％～10％，颖壳 1.5％～2.0％。

如果青贮可溶性碳水化合物不足，可添加 9％～12％的玉米面或 1％～3％的糖蜜。纤维成分的消化率可通过添加氢氧化钠、氢氧化钾、氢氧化铵等碱性物质来提高。

③发酵术。自然发酵术将新鲜鸡粪和麸皮以 3：2 比例或与碎大麦各半混合，水分控制在 50%左右，装入青贮窖内密封发酵，温度保持在 5℃以上，20～40 天后开窖喂用。牛粪发酵饲料的制作，是用不含垫草的牛粪 75%和切碎的干草 43%，混合均匀装入饲料池中密封发酵后饲喂。

堆积发酵术首先将新鲜鸡粪收集起来，然后倒入缸内，用水泡开、搅动，待沉淀后除去上层杂质和下部泥沙，取中层纯鸡粪，沥干水分。每 10 千克鸡粪加酵母片 15～20 克，糖钙片 15～20 片，土霉素 5～6 片，堆积发酵 5～6 小时，如用来喂猪可按猪日粮的 20%添加。

瓦缸发酵术将畜禽粪便去杂、晒干、搓碎，加入清水（湿度以手捏成团，指缝不滴水为宜），掺入洗净的青饲料，装入缸内压紧，表层撒上 2 厘米麸皮或谷糠，缸口用塑料薄膜封严，放置阴凉处（冬季置于室内），保持在 20℃左右，经过 10～15 天发酵即成酸香适口的饲料。

禽畜养殖场粪便肥料化技术：

把收集到的畜禽粪便与垫料按 1 比 3 或 4 的比例混匀或分层堆积，用土盖好或用泥封好，在粪堆上插上温度计和带小孔的竹竿，让其自然发酵。

待堆内温度升高到 60℃～70℃后，再发酵 15 天即可均匀分解（夏天时间可短，冬季时间稍长），达到充分腐熟的目的。

二、传统文化保护

（一）地震灾害传统文化损毁状况

1. 文化遗产与文化场馆遭受重创。

川陕甘三省 44 个国家级非物质文化遗产项目受损，四川省 12 名非物质文化遗产项目传承人遇难，受伤 105 人。四川全省 128 处全国重点文物保护单位有 65 处受到不同程度的损失，另有 119 处省级文物保护单位遭受损伤。著名世界文化遗产地“都江堰·青城山”、武侯祠、杜甫草堂、王建墓、三苏祠、丹巴古碉群、朱德故居、峨眉山古建筑群、郭沫若故居等一批珍贵的古迹和革命遗迹也伤痕累累，有的甚至全面坍塌。全国重点文物保护单位云岩寺受损严重，多处建筑发生倒塌。

都江堰二王庙前部建筑被地震破坏

建筑文化损失严重，北川、汶川、青川、茂县的文化局、文化馆、图书馆、影剧院等在地震中全部被夷为平地，绵竹、什邡、安县、平武、江油、汉源等县（市）的文化设施绝大部分已成危房，当地文化信息资源共享工程基层服务点也遭到不同程度的破坏。

2. 文化产业和文化市场受到影响。

据统计，四川建川博物馆聚落、九寨沟演艺群、自贡彩灯文化产业园和成都锦里、三星堆文化产业园等国家文化产业示范基地，灵岩山文化旅游园区、昭化古城三国文化产业园区等 150 余家重点文化产业单位受到不同程度的破坏。

绵竹年画村、什邡惊奇欢乐谷等已完全损毁。1.1 万余个文化经营场所受到不同程度的破坏，其中有 13 个县的 1 734 家文化经营场所因灾停业，27 个县的 590 家文化经营场所因灾不能正常营业。据初步估计，四川重灾区的文化产业和文化市场因灾经济损失达 89.59 亿元。

人们在四川都江堰景区清理抢救

（二）传统文化遗产应急保护与重建工作

1. 积极参与现场清理。

协助看护所圈定的临时保护范围和重点地段的文物。在协助废墟清理过程中避免将文物连同其他建筑废墟一起清运掉。在协助废墟清理过程中不得破坏周边文物的真实性、完整性。在协助废墟清理过程中，尽量对与文物相关的损毁现场保留原状，协助救援工作人员尽可能将其文物建筑构件集中放置。注意文物周边 5 米半径内为第一保护现场范围，应尽量避免随意进入，以免破坏文物。

对“棂星门”实施搭架支撑加固临时性保护措施

2. 积极参加文物损坏临时加固工作。

为防止余震造成进一步破坏，应积极参与临时性加固工作，但不能影响原有建筑结构，对废墟中有毒、有害的废弃物、残留物要进行清理。

对无法保留但将来可能恢复重建的，应当收集整理影像资料、馆藏文物、民间收藏文物等可移动文物和非物质文化遗产的物质载体，应当及时抢救、整理、登记，并将清理出的可移动文物和非物质文化遗产的物质载体，运送到安全地点妥善保管。

太白故居严重损毁

第五篇　能力建设

Fifth

一、灾害应急预案能力建设

（一）了解相关政策精神

国家自然灾害救助应急预案体系建设现状特征

经过几年的发展，国家自然灾害救助应急体系建设发展到了一个新的阶段，这一阶段的特征大致可以概括为以下六个方面：

1. 国家—省—市—县四级灾害救助应急预案体系基本形成，目前正向乡（镇）和村一级推进。

2. 各地预案建设基本处在由“制定预案”向“应用预案”转型的关键时期，普遍面临应急预案操作性不强和应用性不够的难题和困境，如何才能使预案真正应用起来成为当前各级政府和民政救灾部门急需解决的迫切问题。

3. 国家灾害救助政策的调整（如2007年国务院188次常务会议规定了旱灾救助）和突如其来的巨灾（如2008年年初的低温雨雪和冰冻灾害、5.12地震灾害），使原有的应急预案面临着新的调整。

4. 总体来看，各地应急预案应用情况不容乐观，越往基层，应用越差。一些地方甚至现在还没有制定应急预案。

5. 国家开始着手解决各地预案应用性不足问题。民政部救灾救济司从2007年11月至2007年12月，举办了以全国省、地两级民政厅（局）负责预案工作的人员为主要对象，以如何修订灾害救助应急预案和编制应对自然灾害工作规程为主要内容的培训班，大力提高灾害救助应急预案的执行力。同时，民政部救灾救济司组织人员进行调研，拟出台省以下各级灾害救助应急预案建设和应对自然灾害工作规程编制的指导性意见。一些地方也开始大胆尝试，积极创新，试图破解预案操作不强，应用不够的难题。

6. 2008年12月，民政部出台了《关于加强自然灾害救助应急预案体系建设的指导意见》，发布了《行政村（社区居委会）制定和修订自然灾害救助应急预案框架指南》。

资料来源：民政部国家减灾中心，2008年。

美国防灾社区对备灾工具包的要求

工具袋里最基本的东西应该有水、食品、急救包、工具、各种炊具、照明用具、卫生用品、衣服、被褥、橡胶手套和专业用品。随着季节的变换和个人需求的增加，这些东西还要随时添加或更换。平时把它们放在几个密封的塑料袋里，再把整个工具袋放在一或两个容易携带的不常用的宿营背包或行李袋里。

——《美国防灾社区的建立及对我国的启示》

资料来源：丁石孙编：《灾害管理与平安社区建设》，2006年。

（二）熟悉农村社区发布预警信息的途径

1. 通过手机短信发布。如广西、浙江台风影响地区都会在台风来临前通过手机向社区居民发布预警信息。

2. 通过广播网络发布。例如四川省中江县委托本地移动公司，为下辖各村安装“无线农经信息网”，与各村有线广播联通，灾害来临前发布预警信息。还有不少村都是通过安装在村里的大喇叭发布紧急信息。

3. 敲锣打鼓的方式。如浙江省定家坞村在强降雨即将来临时候，有时候村干部会通过敲锣的方式通知居民。

4. 电话通知的方式。如在比较分散的社区，有部分居民无法通过村上的大喇叭通知，只能以电话的方式通知。

5. 人通知人的方式。如广西防城港市江山乡潭蓬村设有应急小组。一旦在半夜发生突发性灾害，小组成员通常会直接去敲居民的门来告知紧急信息。

（三）了解农村社区的减灾与应急机构建设政策及经验

1. 在救灾物资储备方面，在交通不便、灾害风险高的社区建立小型的救灾物资储备站，保证能够供应社区 2～3 天的应急物资。注意灾害物品单一等方面的教训。

2. 对大量农村男劳力外出务工的地区，妇女积极发挥在农村社区灾害中的作用。

3. 注意灾害保险在社区减灾能力建设中的作用。

二、灾后重建劳动技能培训

（一）了解国家对灾后重建的就业政策

国务院支持汶川地震灾后恢复重建的政策措施，关于劳动力安置与发展有如下意见：

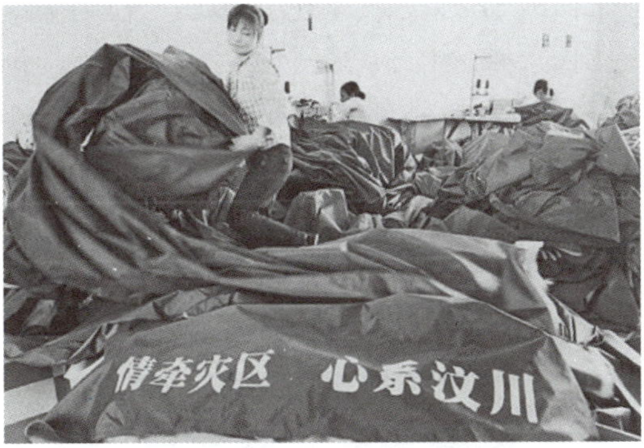

1. 促进就业。

(1) 受灾严重地区的企业在新增加的就业岗位中，招用当地因地震灾害失去工作的城镇职工。

(2) 受灾严重地区因地震灾害失去工作的城镇职工从事个体经营的，政府都给予了相关税收优惠政策。

2. 就业援助政策。对受灾地区企业、个体工商户及人员的就业给予相关扶植政策。

新华社记者何俊昌摄

(二) 灾后重建劳动技能的培训

1. 培养自助、自救意识。

2. 学习致富典型。例证：一年前，家住四川省什邡市蓥华镇的聂全涛、付永香夫妇和镇上其他许多人家一样，房屋全毁，钱财尽失。地震后，部队战士帮助他们清理了废墟，盖起了新房；小两口又用援助款办起了卤菜摊，生意兴隆，现在每月纯收入 2 000 多元。

3. 积极利用互联网，新闻媒体等渠道，收集相关的就业信息。目前比较实用的收索引擎有：百度、谷歌、雅虎等。

4. 根据自身不同的特点参与不同类型的劳动技能培训：青壮年及知识文化程度较高者，可以培训重点机械加工类，服务类，电子类等技术。妇女则可培训一些加工类、服务业和家政行业的技术。

5. 外出务工人员做好外出务工前的准备：心理准备及准备相关的身份证，流动人口婚育证明及特殊身份的证件如专业军人，复员军人证等。

6. 务工信息。

● 劳工教育及服务网络农村培训。

中国劳动力市场	www. lm. gov. cn
中国农村劳动力培训网	www. nmpx. gov. cn
中国农业科技信息网	www. cast. net. cn
中国招工劳务网	www. job1018. com

● 特色食品制作方法技能与信息

中华美食	www. zhms. cn
中国吃网	www. 6eat. com
做菜网	www. zuocai. cn
美食库	www. meishiku. com

● 美容美发技能与信息

中国美容美发培训教育网	www. 138edu. com

甘肃美容美发协会官方网站	www.8632315.com
美容门户网	www.mrmhw.com
中国美容人才网	www.shanxi.138job.com
● 家电维修技能与信息	
统修网	www.txiu.com.cn
中华维修网	www.91xiu.com
中国易修网	www.px.easiu.com
家电维修网	www.163dz.com
● 汽车修理、汽车美容技能与信息	
美途职业技能培训网	www.119px.com

三、灾后重建可以利用的各种资源

（一）了解相关国家政策

汶川地震灾后，国家颁布了一系列政策，如在财政、税收、金融、产业扶持、土地和矿业资源、就业援建和社会保险、粮食等政策。村民可以了解一些国家相关的政策法规，以下就某些方面政策简要介绍。

1. 财政政策。

（1）中央财政和灾区省级财政建立了专门的地震灾后恢复重建基金。

（2）恢复重建期间，专项资金要重点向受灾严重且财政困难的县（市、区）倾斜。

2. 教育援助政策。

（1）鼓励各地区吸收灾区中等职业学校学生到本地就学。

（2）将灾区进城务工人员随迁子女义务教育纳入公共教育体系的政策。

（3）加大对家庭经济困难学生的资助力度。

（4）扩大高校在灾区的招生计划。

3. 家电下乡。

(1) 每户每类家电下乡产品补贴数量不得超过 2 台（件）。按照产品最终销售价格的 13％给予补贴。

(2) 到家电下乡指定销售点购买规定的销售产品。家电下乡销售点可通过 www.jdxx.gov.cn 网站查询或致电 400－887－3200。

(3) 购买时携带本人身份证明文件（身份证或户口本）。

(4) 购买时向销售网点索要家电相关的发票票据、家电的详细型号、价格等相关资料，并且填上购买者的姓名与身份证号码。

(5) 在规定时间内，持证到户口所在地乡镇财政部门申报补贴。

(6) 乡级财政部门初核后，报县财政部门，县财政部门审核确认后，将补贴资金通过银行发放到农民储蓄账户上。

4. 相关票据证件：

（1）持购买产品的发票原件及复印件。

（2）身份证明原件及复印件。

（3）补贴类家电产品专用标识卡。

（4）政府涉农补贴专用存折。

除以上主要介绍的，政府其他扶持政策，如倡导送教下乡，技术下乡服务等政策措施，帮助贫困地区技术脱贫。

（二）了解政府关于开发利用社会资源相关政策

1. 政府在灾后恢复重建中鼓励社会参与，提倡积极争取国际组织、外国政府和非政府组织提供技术援助和赠款。

2. 支持民办非企业机构、基金会、行业协会等社会组织参与恢复重建，在资金募集、企业重建、职业技能培训和中介服务等方面发挥重要作用。

3. 鼓励国内外专家和志愿者参与恢复重建，在教育援助、孤残救助、心理疏导、技术指导、规划咨询等方面发挥积极作用。

（三）了解非政府组织资源

1. 中国扶贫基金会。

中国扶贫基金会致力于帮助贫困社区的弱势群体提升自我发展能力，改善基本生产条件和基本社会服务水平。

联系地址：北京市海淀区双榆树西里 36 号南楼 5 层

邮政编码：100086

联系电话：010－82872688

传真电话：010－62526268

电子邮箱：fupin@fupin. org. cn

网址：www. fupin. org. cn

2. 中国红十字会。

中国红十字会是中华人民共和国统一的红十字组织，以弘扬“人道、博爱、奉献”的红十字精神，保护人的生命和健康，促进人类和平进步事业为宗旨。

联系地址：北京市东城区东单北大街干面胡同53号

邮编：100000

3. 乐施会。

它是一个跨越种族、性别、宗教和政治的界限，与贫穷人群一起面对和消除贫困的非政府组织。

成都项目办公室：成都市武侯区洗面桥街30号高速大厦B幢26楼D号

传真：(86) 2885599832

邮编：610041

电子邮件：cdo@oxfam.org.hk

4. 其他基金会。

经批准可以开展抗震救灾捐赠活动的16家全国性基金会是：中国扶贫基金会、中国老龄事业发展基金会、中国宋庆龄基金会、中国光华科技基金会、中国残疾人福利基金会、中国人口福利基金会、中国青少年发展基金会、中国儿童少年基金会、中国少数民族文化艺术基金会、中华思源工程扶贫基金会、中国绿化基金会、中国光彩事业基金会、中国教育发展基金会、中国健康促进基金会、中华环境保护基金会、中国妇女发展基金会。他们的联系方式分别是见表5－1：

表5－1

	联系电话	地址	网址
中国老龄事业发展基金会	010－84120995，010－67130419		

续表

	联系电话	地址	网址
中国宋庆龄基金会	010－64451011	北京市朝阳区北三环中路安贞西里26号浙江大厦A12层邮政编码：100029	www. sclf. org
中国光华科技基金会	010－82055875，82055586 转1126、1129	北京市西城区新街口外大街28号主楼436室邮政编码：10008	www. ghstf. org www. wzjz. org
中国残疾人福利基金会	010－65137722， 010－65143002	北京市东城区北池子大街44号	
中国人口福利基金会	010－2179002 010－67130419	北京市海淀区大慧寺12号，邮政编码：100081	
中国儿童少年基金会	010－64035547， 010－67130419		www. cydf. org. cn
中国少数民族文化艺术基金会	86－10－65696320，65696322，64050742	北京朝阳区建外大街16号东方瑞景1号楼16层，邮政编码：100022	
中华思源工程扶贫基金会	400－818－9958400，8877456－119＃(010) 85698220、85698221、85698222、85698223、85698224	北京市朝阳区朝外大街吉祥里208号民建中央239室	www. sygoc. org. cn
中国绿化基金会	010－84238255，84238981， 010－67130419	北京市东城区和平里东街18号，邮政编码：100714	
中国教育发展基金会	010－66097788	北京西城区西单大木仓胡同35号，邮政编码：100816	

续表

	联系电话	地址	网址
中国健康促进基金会	010－58677763	北京市朝阳区三元桥曙光西里甲6号时间国际大厦20层，邮政编码：100028	
中华环境保护基金会		中国北京崇文区广渠门内大街16号，邮政编码：100062	
中国妇女发展基金会	010－65103481，65263572	北京建国门内大街15号，邮政编码：100730	

（四）了解志愿者服务组织

志愿者是现代社会的一种重要的援助资源，灾区需要特别帮助时，可以积极寻求志愿组织的帮助。

1. 一般各省都有志愿者协会，如共青团四川省志愿者工作部。

2. 一些高校里成立专门的志愿者社团，如果需要高校的志愿者，可以找省团委或高校的校团委联系。

3. 一些社会人士发起的自愿组织也发展了一定规模取得一定发展，如甘肃省陇南市武都区陇南市青年志愿者协会。

4. 志愿者服务渠道与信息。

陕西大学生红十字志愿者：

联系地址：西安培华学院红十字会办公室陕西高校志愿者筹备小组

邮政编码：710125

联系电话：029－67130419

电子邮箱：nihaorenxiubing@163. com，phredcross@163. com

站长电话：029－85682684，13002918768

QQ：345773073，109087186

网址：http：//univredcross. 2008red. com（陕西大学生自愿者官方网）

四川省志愿服务热线：028－86245113，86245114

各市州志愿服务热线如表 5－2 所示：

表 5－2

市州	电话	市州	电话
成都	028－86127702	自贡	0813－5515297
攀枝花	0812－3320210	凉山	0834－3865877
泸州	0830－3115917	德阳	0838－2304938
绵阳	0816－2220586	广元	0839－3265167
遂宁	0825－2226150	内江	0832－2022220
乐山	0833－2443170	南充	0817－2224086
宜宾	0831－8200070	广安	0826－2321936
达州	0818－2522476	巴中	0827－5268567
雅安	0835－2852176	眉山	0833－8168114
资阳	0832－6110364	阿坝	0837－2826569
甘孜	0836－2832176		

组织志愿者服务的团委信息：

四川团省委：

联系地址：成都市多子巷 2 号，邮政编码：610015

联系电话：028－86247010，传真电话：86250152

团省委项目办公室联系电话：028－86694064，86635867

电子邮箱：scgqt@126. com

兰州大学：

安俊堂：校团委书记，主持校团委全面工作

分管办公室办公电话：0931－8912635，5292635

电子邮箱：anjt@lzu. edu. cn

四川大学：

团委联系电话：028－85406812，85406560

第六篇　常识篇

Sixth

一、自然灾害应急常识

（一）地震应急常识

地震前异常现象认知常识

1. 地下水异常。人们总结了震前井水变化的谚语：“井水是个宝，地震有前兆。无雨泉水浑，天干井水冒。水位升降大，翻花冒气泡。有的变颜色，有的变味道。”

图 6-1　雨水变浑，变色变味又难闻

图 6-2　喷气又发响，翻花冒气泡

2. 动物反常。地震前，动物有许多异常行为，“骡马牛羊不进圈，老鼠成群往外逃。鸡飞上树猪掠拱，鸭不下水狗狂叫。冬眠老蛇早出洞，燕雀家鸽不回巢。兔子竖耳蹦又撞，游鱼惊慌水面跳。”

图 6-3　鸡飞上树

图 6-4　猪掠拱

3. 地下发出异常声音。地震前来自地下的声音有如炮响雷鸣，也有如重车行驶、大风鼓荡等多种多样。

图 6-5　地声如炮响雷鸣

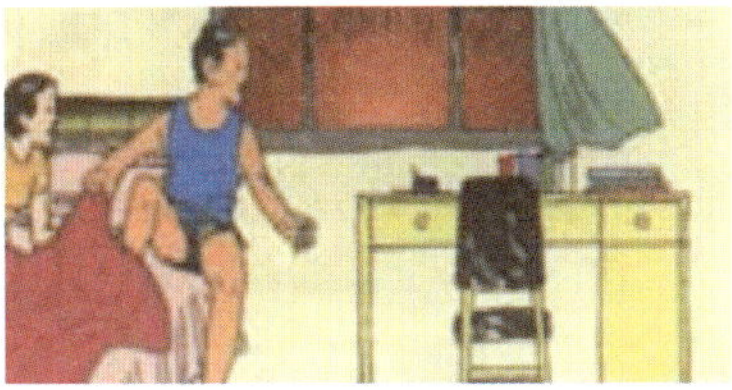

图 6-6　大风鼓荡

4. 地面出现异常光亮。地震前出现来自地下的光亮，持续几秒钟，其颜色多种多样，形态各异。

应急常识

地震发生时，最重要的是有清醒的头脑，镇静自若的态度。正确把握信息，相信党和政府，不要轻信不负责任的传言，以防止混乱。对待地震谣传应不相信、不传播、及时报告。应急避震较好的办法是震时因地制宜，就近躲避，震后迅速撤离到安全地方。

1. 室内避险常识。

（1）平房。当来不及逃出时，要在中心较低、且坚实牢固的桌下、家具旁、床下或紧挨墙根的地方躲避，并注意保护好头部，并用毛巾或衣物捂住口鼻防尘烟。

（2）楼房。先关闭电源和气源来防止火灾，选择厨房、卫生间等开间较小的地方避震；也可暂时躲避在坚实的家具下、内墙根或墙角处等易于形成三角空间的地方。

平房居住者可根据自己所处的情况采取相应避震措施

注意事项：要注意避开墙体的薄弱门窗、外墙，远离楼梯间、阳台，不要使用电梯，不能跳楼。躲过主震后，应迅速撤至户外，撤离时注意保护头部，最好用枕头、被子等柔软物体护住头部。

关好煤气

（3）公共场所。在公共场所遇到地震时，听从现场人员的指挥，不要惊恐和慌乱，不要拥向出口，要避免拥挤，有秩序撤离。

如在影剧院、体育馆等处遇到地震，应保住头部，避免接近玻璃窗，选择落下物、倒塌物少的场所就地蹲下或趴在排椅下，等地震过去后，听从工作人员指挥，有组织地撤离。

如在商场、书店、展览馆、地铁站等处，选择结实的柜台、商品或柱子边，以及内墙角等处就地蹲下，用手或其他东西护头，避开玻璃门窗、玻璃橱窗或柜台，避开高大不稳或摆放重物、易碎品

的货架，避开广告牌、吊灯等高耸或悬挂物。

如在行驶的电（汽）车内，抓牢扶手，以免摔倒或碰伤，降低重心，躲在座位附近，地震过去后再下车。

（4）工作场所。如在工作场所遇上地震，首先要切断电源，消除火源，停止机器运转，然后可以躲在坚固的机器、设备或办公室家具旁。

2. 室外避险常识。

户外避震就地选择开阔地避震：蹲下或趴下，以免摔倒；不要乱跑，避开人多的地方；不要随便返回室内取物或救人。

（1）市区。尽量避开高层建筑物、立交桥、过街桥，避开高压线、变压器、路灯、广告牌、吊车等危险物或悬挂物。

注意避开其他危险场所如狭窄街道、危墙、堆放化学物品及煤气的地方。

（2）野外。野外遇地震要避开山脚、陡崖，以防山崩、断崖、落石和滑坡时伤人。

（3）河湖海边。离开大水渠、河堤两岸，以防较大的地滑或塌陷；如在海、湖边，应迅速离开海（湖）岸，警惕地震发起的海（湖）啸。

温馨提示：避险时要徒步，绝不能利用汽车、自行车避险，携带物品应在最少限度。

3. 被困自救。

（1）如果被压在废墟里，要尽可能调整心态，放松心情，保持冷静，不要过于焦躁。

（2）被埋在废墟下的人员，注意用毛巾、衣服或衣袖等捂住口鼻，防止吸入烟尘，引起窒息。

（3）如被压在废墟中，先将手与脚挣脱开来，并清除压在身上的各种物体，特别是挪开头部、胸部的杂物，保持呼吸畅通。

（4）避开身体上方不结实的倒塌物和其他容易引起掉落的物体，用砖块、木头等支撑住可能塌落的重物，扩大生存空间。

（5）在听到周围有声响时，才大声呼喊，或敲击管道、墙壁等向外发出呼救信号；若没有人，应间断地发出声音，不要哭喊、急躁和盲目行动，尽可能控制自己的情绪以保存体力。

（6）如被困的期间比较长，救援人员未到，应在可活动的空间里，设法寻找水、食品或其他可以维持生命的物品，耐心等待营救。

4. 震后互救。

震后，为使更多被埋压在废墟下的人员，获得宝贵的生命，灾区群众应积极投入互救减轻人员伤亡。

（1）搜救原则。先救易，后救难；先救近，后救远，先救青壮年和医务人员以增加帮手。

（2）关注三角。室内房屋倒塌后由大块倒塌体与支撑物构成的形成的三角空间，是人们得以幸存的相对安全地点，搜救时要多关注如炕沿下、坚固家具附近；内墙墙根、墙角；厨房、厕所、储藏室等开间小的地方。

（3）留意声响。要特别留意被困人员呼喊、呻吟和敲击器物的声音。通过了解、搜寻，确定废墟中有人员埋压后，判断其埋压位置，向废墟中喊话或敲击等方法传递营救信号。

（4）营救中的注意事项：

小心挖掘。使用的工具（如铁棒、锄头、棍棒等）不要伤及埋压人员。

保护支撑。不要破坏了埋压人员所处空间周围的支撑条件，引起新的垮塌，使埋压人员再次遇险。

送气送水。应尽快与埋压人员的封闭空间沟通，使新鲜空气流入，以免埋压者窒息，如埋压时间较长，一时又难以救出，可设法

向埋压者输送饮用水、食品和药品，以维持其生命。

先露头部。先将被埋压人员的头部，从废墟中暴露出来，清除口鼻内的尘土，以保证其呼吸畅通，对于伤害严重，不能自行离开埋压处的人员，应该设法小心地清除其身上和周围的埋压物，再将被埋压人员抬出废虚，切忌强拉硬拖。

救后护理。对饥渴、受伤、窒息较严重，埋压时间又较长的人员，被救出后要用深色布料蒙上眼睛，避免强光刺激，对伤者根据受伤轻重，采取包扎或送医疗点抢救治疗。

5. 余震防御。

余震是在主震之后接连发生的小地震，一般在地球内部发生主震的同一地方发生。通常的情况是一个主震发生以后，紧跟着有一系列余震，其强度一般都比主震小，持续时间可达几天甚至几个月。在发生余震的时候第一要冷静、不要惊慌，应急常识参照上述防地震常识。

（二）泥石流应急常识

泥石流是由暴雨、冰雪融水、水库溃决等水源激发的，含有大量的泥砂、石块的特殊洪流，一般发生在山区、沟谷中。泥石流往往突然暴发，来势凶猛，在很短时间内将大量泥砂、石块冲出沟外，对农田、桥梁和道路破坏性极大，给人类生命财产造成重大危害。

泥石流预防常识

1. 保护环境。封山育林，退耕还林，提高小流域植被覆盖率。开展坡面治理，搞好水土保持，实行合理耕作活动。

2. 合理规划。在村庄规划建设过程中，房屋不能占据泄水沟道，也不宜离沟岸过近；已经占据沟道的房屋应迁移到安全地带。

3. 清理河沟。在雨季到来之前，最好能主动清除沟道中的障碍物，保证沟道有良好的泄洪能力。

4. 警惕暴雨。泥石流主要发生在夏汛暴雨期间，西南地区集中在6～9月间。当山区发生暴雨或长时间降雨，应警惕泥石流的发生。

5. 观察水位。当上游已形成泥石流，会发现河床中正常流水突然断流或洪水突然增大并夹有较多的柴草、树木，应做好防护措施。

6. 深谷闷响。从深谷或沟内传来的类似火车轰鸣声或闷雷式的声音，如听到这种声音，哪怕极微弱也应认定泥石流正在形成，此时需迅速离开危险地段。

7. 沟谷昏暗。当沟谷上游已发生泥石流时，沟谷深处变得昏暗并伴有轰鸣声或轻微的振动感。

8. 普及知识。泥石流防治，应以防为主，开展预防监测，宣传普及泥石流的知识，重视制止诱发泥石流的人为活动。

泥石流应急常识

1. 高处跑。当处于泥石流区时，应向两侧山坡上跑，离开沟道、河谷地带，不能沿沟向下或向上跑。

2. 离斜坡。不要在土质松软、土体不稳定的斜坡停留，以免斜坡失稳下滑，应在基底稳固又较为平缓的地方。

3. 勿爬树。不应上树躲避，因泥石流不同于一般洪水，其流动中可沿途切除一切障碍。

4. 避凹凸。泥石流有很强的掏刷能力及直进性，应避开河（沟）道弯曲的凹岸或地方狭小高度又低的凸岸。

（三）滑坡应急常识

滑坡是指斜坡上的土体或者岩体，受河流冲刷、地下水活动、地震及人工切坡等因素影响，在重力作用下，沿着一定的软弱面或者软弱带，整体地或者分散地顺坡向下滑动的自然现象。俗称“走山”、“垮山”、“地滑”。

预防滑坡常识

1. 正确选址。村庄的选址，应通过专门的地质灾害危险性评估来确定是否安全。在村庄规划建设过程中，尽量避开有滑坡危害的地段。

开挖斜坡建房，最易引起滑坡，所以开挖前要请地质人员看看。

2. 不挖坡脚。在建房、修路、整地、挖砂采石、取土过程中，不能随意开挖坡脚，如果必须开挖，应事先向专业技术人员咨询后再开挖。

3. 不乱堆土石。对采矿、采石、修路、挖塘过程中形成的废石、废土，不能随意顺坡堆放，特别是不能在房屋的上方斜坡地段堆弃废土。

4. 管理好沟渠：注意防止农田灌溉、乡镇企业生产、居民生活引水渠道经过土质山坡时渠水渗漏。一旦发现渠道渗漏，应立即停水修复。对生产、生活中产生的废水要合理排放，不要让废水四处漫流或在低洼处积水成塘。

滑坡前兆认知常识

1. 水异常。大滑坡前，可能发现泉水出水量突然变大、变小，甚至断流，水质突然浑浊，井内水位突变等异常。

2. 裂缝现。在滑坡体中、前部出现横向及纵向放射状裂缝，它反映了滑坡体向前推挤并受到阻碍，已进入临滑状态。

3. 裂缝增。滑坡后缘的裂缝急剧扩展，并从裂缝中冒出热气或冷风。

4. 坡脚凸。大滑动之前，滑坡体前缘坡脚处，土体出现上隆（凸起）现象，顶部常有张开的扇形或放射状裂缝分布。

5. 岩体塌。临滑之前，滑坡体四周岩（土）体会出现小型崩塌和松弛现象。

6. 地声响：滑坡前，地下有岩层剪断，巨大石块间的相互挤压和摩擦发出的特殊的响声。

7. 动物惊。临滑之前，在滑坡体范围内的动物惊恐异常，如猪、狗、牛惊恐不宁，不入睡，老鼠乱窜不进洞等现象。

在判定滑坡发生可能性时，要注意多种现象相互印证、尽量排除其他因素的干扰，这样做出的判断才会更准确。在无法判定是否会发生滑坡时，宁可信其有，不可信其无，先采取避灾措施，再请专业人员来诊断。

滑坡应急常识

1. 两侧逃。当看到或听到山坡发生滑坡时，应迅速判断滑坡来源方向，应以最快速度向着两侧稳定区域逃离。向滑坡体上方或下方跑都很危险。

2. 缓坡停。无法逃离时，低缓宽厚的山岗，可以选作避灾场所。

3. 勿恋财。灾害发生时，不要留恋财物、家畜家禽，要分秒必争，果断撤离。

(四) 山洪应急常识

洪水是指河流、湖泊等水域在较短时间内断面流量迅速增加、水位急剧上涨的现象。洪水往往因遭受暴雨侵袭所致，也可能有飓风、堤坝等原因引发。

预防/预警

1. 听警报。注意收听、收看洪水警报、水位公报及洪水可能影响的区域。

2. 看征兆。若出现持续不断地大雨和风暴，应引起警觉，及早远离水道和低洼地区。

3. 备衣物。储备一定数量的食物、饮用水和保暖衣物等；逃生前，多吃糖、甜点等高热量食物。

4. 关电、气。洪水到来前关闭电源总开关、煤气阀门等。

应急要点

1. 上高处，抓浮物。迅速跑向高地、楼房，必要时可爬上高树；也可抓住木盆、木椅、木板等有浮力的物品。不要爬到土坯房的屋顶，这些房屋浸水后容易倒塌。

2. 制木筏、离险处。若水情严重，应考虑用木板、门板、箱子等制作木筏，也可使用汽车轮胎胡内胎制成简易救生圈，船桨也必不可少。

3. 发信号，求救援。逃生前保护好通讯设备，备好哨子、手电筒、颜色鲜艳的旗帜或床单等，以便在紧急情况时发出求救信号。

4. 先逃生，勿恋财。情况紧急，首先逃生，不要恋财。

5. 勿涉险，待救援。水情不明时，不要涉险渡水，应留在安全地带等待救援。

温馨提醒

1. 查电、气。洪水过后应检查、烘干电器。查看房子时，勿用明火，以防点燃燃气引发火灾。

2. 防病毒。洪水过后，腐烂的动物尸体和水污染可能引发疾病。应饮用干净的水，并将房子彻底消毒，包括室内的空调、供暖管道和过滤器等。

二、灾后心理常识

（一）灾后身心方面可能出现的变化

悲观失望

1. 情绪方面：主要表现为害怕、焦虑、忧郁、伤心、悲伤、绝望、无助、麻木、生气、罪恶感、感觉异常等。

2. 认知方面：主要表现为注意力不集中、过分敏感或警觉等。

3. 行为方面：呈现沉默、情绪失

控、典型行为习惯改变、没有食欲或暴饮暴食等。

4. 生理方面：产生疲劳、失眠、头痛、做恶梦、容易惊吓、头昏眼花或眩晕、心悸、发抖等。这些身心反应都是很自然的。

（二）不同人群的灾后身心反应

1. 地震中的儿童与青少年。

表 6-1　不同年龄层儿童与青少年的典型反应

年龄段	症状	
	躯体反应	精神表现
学龄前期（1～5 岁）	吮手指、尿床、黏父母、大小便失禁、说话困难、食欲减退或增加	惧怕夜晚、害怕黑暗和动物
学龄期（6～10 岁）	易怒、爱哭诉、攻击行为、明显地与弟弟妹妹争宠	惧怕黑暗和夜晚、逃学、做噩梦、对学习失去兴趣或不能专心
青春前期（11～14 岁）	头痛、不明原因的疼痛、皮疹、食欲不振、打架、不做家务	睡眠失调、退缩、失去学习兴趣、寻求注意行为
青春期（15～18 岁）	头痛、气喘、烦躁、减少活动、行为不负责任	睡眠失调、冷漠、神经紧张、对父母的反抗减少、注意力不集中、疑病症

家长如何帮助儿童和青少年：

（1）和孩子交流自己震后的感受；

（2）用他们能理解的方式让他了解灾难；

（3）告诉他们，现在很安全；

（4）多和孩子进行亲密接触，让孩子有安全感；

（5）在入睡前，多花一些时间陪孩子；

（6）如果你感觉孩子在学校会有问题，就与老师沟通、一同处理。

2. 灾后身心反应的性别差异与对女性的救助。

重大灾难发生后，女性往往比男性更容易出现“急性应激障碍”。急性应激反应所产生的躯体化症状，包括胸闷、疲乏、头疼、头晕、失眠；精神障碍表现为茫然，麻木，注意范围狭窄，讲话言辞凌乱，有的还会出现木僵。如果急性应激障碍未能及时得到救助，就可能发展成创伤后应激障碍，表现为长时期做噩梦、失眠，回想地震时的死亡、断肢等惨痛场景，短则持续 2 年，长则可达 10 年，甚至相伴终身。而男性更倾向于表现出：体重下降、悲观厌世、自暴自弃、怨恨社会、猜疑他人、狂躁偏执、自虐自残、敏感脆弱，理智下降。

（1）自我的心灵重建。

自我调节的方法：

合理宣泄害怕、担忧、惊慌和无助等心理体验。

升华痛苦，努力化创伤为动力，投入到现实生活的劳动和工作等活动中。

转换视角，在思考、评价某一客观现实情境时，换个角度看问题，常会淡化消极情绪。

承认现实、宽慰自己、坦然面对。

寻求专业辅导（下面详述）。

（2）当地政府部门或 NGO 所能提供的帮助。

关注灾后女性的社会心理需求。

灾后女性的需求与灾难发生前女性在社会上的角色、经历和身份地位有关。考虑到女性的特殊情况，应该从更加现实的角度给予女性以帮助。

协助女性处理灾后的一些具体事务，如填写表格，申领救济金等能缓解她们的压力。

正式和非正式的组织和互助网络对于女性个体及整个的灾难应急反应，都可以成为一种力量的来源，在有必要的时候，应协助女性加入到这些互助组织网络中。

鼓励女性开发自己内部的力量，与男性一起加入到灾后的重建工作，以获得自身的成长和家庭的复原。

3. 关注灾后老年人的身心健康。

（1）灾后老年人极易产生不良的情绪反应：孤独自闭症；悲伤绝望症；沮丧焦虑症；无助不安感。

（2）从以下几个方面对他们进行帮助：

提供物质生活保障，消除无助不安感；慰问安抚，转移悲伤绝望情绪。

丰富生活，消除孤独自闭的精神状态；加强宣传，增强人们的生活信心。

4. 关注灾后残疾人的身心和需求。

患有身体残疾、精神疾病和智力迟钝者在灾难发生时具有不同于其他人群的特殊性。机构、家庭与心理帮助者应给予他们更多的理解与关爱。

（1）家人应该给予他们更多的陪伴，让他们感受到家庭的温暖；

（2）政府或援助机构应给予他们更多的关心与支持，创造活动和交流的平台；

（3）家人与心理援助者同他们一道挖掘其内部潜能，增强其自我价值感。

（三）周年反应心理

周年反应是过去发生的灾难记忆或围绕灾难的情感再度被唤起，通常会以下述方式出现：

1. 有关地震的记忆、感受、梦境在周年来临前再次浮现。

2. 失去亲人的哀悼、悲伤与悔恨在周年前后被引发。

3. 恐惧、焦虑与压力的症状在灾难后几个月会逐渐消退，到周年时又重现。

4. 挫折与愤怒，灾后余生者会回忆起那些使人不快的事、所损失的财产、他们生命中所浪费的时间与疗伤止痛过程的无奈。许多家庭在满一周年时仍未能重建起来，引起他们对重建工作的抱怨与指责。

5. 逃避，有些幸存者会有意避开令人触景伤情的周年反应。

（四）能够提供心理帮助的机构与网络资源

表 6－2

机构名称	热线电话
中国科学院心理研究所	010－64861231
四川大学华西医院心理卫生中心	028－85534112
西南大学心理学院心理咨询中心	023－68253621
成都市四医院心理危机干预小组	028－87577510
深圳市心理危机干预中心	0755－25629459
昆明市心理危机研究与干预中心	0871－5011111
杭州市心理危机干预中心	0571－85029595
北京师范大学心理学院“心在行动”灾后心理援助热线	010－58805114
华中师范大学心理咨询中心	027－67868152
北京回龙观医院北京心理危机研究与干预中心	800－8101117
香港无国界社工	（852）23853738
中国公众科技网“心灵港湾”栏目	heal. cpst. net. cn/xlgw/index. html
中国儿童与青少年心理健康网	qsxl. psych. ac. cn/
中国心理援助网	www. xinli120. org. cn/
中科院心理研究所危机干预中心	www. crisispsy. cn/

三、扶贫常识

（一）什么是贫困

1. 贫困指的是由于缺乏物质的、文化的和社会的资源而处于一种社会不可接受的最低生活水平或生存状态，以及由于缺乏必要的手段、能力和机会而不能摆脱这种最低生活水平或生存状态。

（1）贫困是由于资源的匮乏，从而使其生活水平低于社会可以接受的最低标准。这里讲的资源，既包括物质资源，也包括文化的和社会的资源。

（2）从根本上讲，贫困是缺乏手段、能力和机会。因此，要克服贫困，就要给贫困者以扶持，换言之，社会不应该仅仅被动地保障贫困者的最低生活水准，而应该更多地把注意力投向铲除人们陷入贫困的根源，主动地保障贫困者拥有必要的手段、能力和机会。

2. 贫困的表现：贫困是一种状态，涉及许多相互依存和密切相关的方面，体现为：

（1）缺少固定收入和工作，生产数据以及社会安全网络的管道；

（2）缺少教育，医疗保健，信息，信贷，水供应和卫生等各项服务；

（3）缺少政治权利，参与，尊严和尊重。

3. 致贫的原因。

（1）缺文化致贫；

（2）自然灾害致贫；

（3）因病、残致贫；

（4）缺耕地致贫；

（5）缺劳动力致贫；

（6）因上学致贫；

（7）因建房致贫。

"我还小呢!!"

（二）什么是扶贫

1. 扶贫：扶助贫困户或贫困地区发展生产，改变穷困面貌。中国的贫困线主要以是否达到温饱为标准。

2. 国家扶贫政策：国家对贫困地区和贫困人口有一些列的扶助政策，现举例如下：

（1）国务院关于印发《中国农村扶贫开发纲要（2001—2010年）》的通知（国发［2001］23号）；

心里话

（2）扶贫开发的对象：把贫困地区尚未解决温饱问题的贫困人口作为扶贫开发的首要对象，同时继续帮助初步解决温饱问题的贫困人口增加收入，巩固扶贫成果；

（3）扶贫开发的重点：把贫困人口集中的中西部少数民族地区、革命老区、边疆地区和特困地区作为重点，在上述四类地区确定扶贫开发工作重点县。东部以及中西部其他地区的贫困乡村，主要由地方政府负责扶持；

（4）进一步增加财政扶贫资金，中央财政和省级财政都必须把扶贫开发列入年度财政预算，并逐年有所增加；

（5）继续安排并增加扶贫贷款，中国农业银行要逐年增加扶贫贷款总量，主要用于重点贫困地区；

(6) 严格奖惩措施，依据监测、检查和审计结果奖优罚劣，对抓贫困村扶贫工作措施得力、效果明显的县，在资金分配、项目安排等方面予以倾斜。对“争戴贫困帽，不谋扶贫事”，抓贫困村扶贫工作领导不力，截留、挤占、挪用、拖欠扶贫资金，搞面子工程的县，要通报批评，限期整改，并酌情调减下年度扶贫资金；

(7) 中国人民银行、财政部、国务院扶贫开发领导小组办公室、中国农业银行关于印发《扶贫贴息贷款管理实施办法》的通知（银发［2001］185号）；

(8) 扶贫贴息贷款主要用于国家扶贫开发工作重点县，支持能够带动低收入贫困人口增加收入的种养业、劳动密集型企业、农产品加工企业和市场流通企业，以及基础设施建设项目；

(9) 扶贫贴息贷款的期限以一年为主，最长不超过三年，贷款统一执行年利率为3%的优惠利率。优惠利率与中国人民银行公布的同期同档次贷款利率之间的利差，由中央财政贴息。

3. 扶贫方式：贫困地区的经济开发方式主要有：

(1) 因地制宜地发展种植业、养殖业和加工业，合理地开发矿业，有计划地进行能源建设，发展交通运输业；

(2) 发展横向经济联合，把贫困地区开发和发达地区发展结合起来，引进信息、资金、技术、人才和管理经验。组织发达地区和城市的工商企业、科研单位和中等专业学校、高等院校等与贫困地区建立长期联系，开展对口支援；组织能工巧匠和技术力量帮助贫困地区培训科技人才；

（3）国家在资金、税收等方面采取特殊的优惠政策。分情况减免一定的税收，资金适当集中，统筹安排，配套使用。

4. 对贫困户的扶持方式。

（1）家庭自营；

（2）创办经济实体；

（3）经济联合；

（4）开发投资，安置就业。

扶贫之路

5. 对于贫困人口自身：

（1）转变观点，认识到贫困并非命运安排；

（2）消除等、靠、要的思想，不要怨天尤人，不要安于现状；

（3）重视教育，提高自身的文化素质及重视下一代的教育工作；

（4）参加一些有用的职业培训，掌握一定的生存技能；

（5）积极主动的了解外面的世界，开拓眼界；

（6）树立正确的消费观，要将有限的资金放在发家致富上，而不应用于迷信和无用之物上。

四、法律维权常识

（一）维权的程序及途径

一般来讲，农民朋友在灾后重建的生活和生产中会遇到一些法律及维权方面的问题及困扰，比如土地纠纷，残疾人就业，对待妇女的歧视，儿童的教育问题等，那么在村一级的维权之路怎么进行呢？下面我们介绍一些基本的途径或者程序：

1. 可以找村长或者村支书反映情况，如果能够在村内进行大家都觉得比较满意的调解，就可以村内解决。

2. 找到乡镇一级的派出所或者司法所，反映情况，得到合理的法律保护。如果是非常紧急的问题，比如妇女遇到暴力问题，可以拨打110，得到紧急援助。

3. 也可以找当地的律师事务所或者法律援助中心，得到合理的法律援助。

4. 涉及到福利待遇方面的问题可以找民政局或者民政部门在乡镇的派出机构，请他们帮助协调解决。

（二）民事纠纷常识与维权

根据《中华人民共和国土地法》和《中华人民共和国物权法》等相关规定，有如下需要注意的方面：

1. 灾后土地所有权纠纷。

（1）如果村民所拥有的土地因为地震的关系而造成地质上不能建造房屋，那么就可以认定为建设用地灭失，村民的土地使用权也随之消失；

（2）房屋倒塌了但土地并未灭失、可以重建的情况下，村民仍然享有建设用地的使用权，并有权在土地上重建房屋，任何单位或个人都无权收回土地使用权；

（3）地毁人亡后的土地承包经营权问题，与土地使用权一样，随土地灭失而灭失；

（4）土地承包经营权随权利人的存在而存在，但需要注意的是，由于我国的土地承包经营权是以户为单位，以户为权利人的，所以个别的村民在地震中遇难不代表所在户的承包经营权的消失；而如果一个农户的成员全部遇难，则承包经营权消灭，土地可以另行进行调整。

2. 灾后遗失物和无主物的处理。

（1）如果合法的私人财产所有人在地震中死亡，又没有合法继受其权利的人，如继承人、受遗赠人等，则该财产即成为无主财产；

（2）对于在地震中拾得的遗失物，拾得人不能取得遗失物的所有权，拾得人应当将拾得物交还失主，或者交给公安机关。如果已经确认拾得物是无主物，遗失物自发布招领公告之日起六个月内无人认领的，归国家所有。

按照物权法第一百零九条规定，拾得人不能取得遗失物的所有权，拾得人应当将拾得物交还失主，或者交给公安机关。如果已经确认拾得物是无主物，根据物权法第一百一十三条规定，遗失物自发布招领公告之日起六个月内无人认领的，归国家所有。

（三）消费者权益维护常识

根据《中华人民共和国消费者权益保护法》等相关规定，有如下需要注意的方面：

1. 农药、种子的鉴别与维权。

（1）农药。农药包装应是防潮层的瓦楞纸板，外包装的标签上应具备商标、品名、农药登记证号、组装量、净含量、生产日期或批量和保证。查询最新的农药登记公告，辨认农药登记号的真假。

（2）农作物种子。种子质量的识别，重点注意识别种子质量是否符合国家规定的标准。

经验识别办法，可以从种子的形状、发芽试验、杂质分析等方面进行。

注意种子经营商应当持有种子经营证、照，受委托经营种子者，应当有委托单位（个人）的委托书和经营许可证复印件。

2. 投诉与举报。

如果村民发现买到了假冒产品，应该指导他们马上向有关部门投诉，如下是相关地区打假部门的联系方式：

四川	农资打假办公室	028-85552811-6464
陕西	农资打假办公室	029-7321726
甘肃	农资打假办公室	0931-8859801、8823911-2270

（四）教育乱收费及维权常识

1. 国家的相关规定。

《关于加强社会力量办学管理工作的通知》中规定，加强对学校收费及财产、财务的管理和监督，社会力量办学不得以营利为目的。学校应按照教育行政部门和物价部门核准的收费项目的收费标准收取学杂费及其他必要费用。

2. 投诉电话。

四川省	(028) 86111182，86113474
甘肃省	(0931) 8881945，8885518
陕西省	(029) 5582590，5581049

(五) 弱势群体权益保护

汶川地震救助中对弱势群体的特殊措施

临时生活救助包括补助金和救济粮。救助对象为因灾无房可住、无生产资料和无收入来源的困难群众。补助标准为每人每天 10 元补助金和 1 斤成品粮，补助期限 3 个月。

因灾造成的“三孤”（孤儿、孤老、孤残）人员补助标准为每人每月 600 元，受灾的原“三孤”人员补足到每人每月 600 元，补助期限 3 个月。

——《关于对汶川地震灾区困难群众实施临时生活救助有关问题的通知》(2008 年 5 月 20 日民政部、财政部、国家粮食局联合发文)

各级政府安排的救灾资金对重灾地区，对低保户、五保户、遇难者家庭及其他困难群众给予重点救助。

——《四川甘肃陕西三省地震灾区农房倒损恢复重建规划》

资料来源：民政部国家减灾中心，2008 年。

残疾人权益保护常识

残疾人权益受到侵犯主要包括：求学歧视，就业歧视，大众传播媒介或者其他方式贬低损害残疾人人格，利用残疾人的残疾，侵犯其人身权利或者其他合法权利，不抚养未有生活能力的残疾人、遗弃残疾人等。根据《中华人民共和国残疾人保障法》及新修订的《中华人民共和国劳动法》等相关规定，有如下需要注意的方面：

1. 教育。

各级人民政府对接受义务教育的残疾学生、贫困残疾人家庭的学生提供免费教科书，并给予寄宿生活费等费用补助。

（1）对接受义务教育以外其他教育的残疾学生、贫困残疾人家庭的学生按照国家有关规定给予资助；

（2）普通小学、初级中等学校，必须招收能适应其学习生活的残疾儿童、少年入学；普通高级中等学校、中等职业学校和高等学校，必须招收符合国家规定的录取要求的残疾考生入学，不得因其残疾而拒绝招收；拒绝招收的，当事人或者其亲属、监护人可以要求有关部门处理，有关部门应当责令该学校招收；

（3）普通幼儿教育机构应当接收能适应其生活的残疾幼儿。

2. 就业。

（1）国家对安排残疾人就业达到、超过规定比例或者集中安排残疾人就业的用人单位和从事个体经营的残疾人，依法给予税收优惠，并在生产、经营、技术、资金、物资、场地等方面给予扶持；

（2）国家对从事个体经营的残疾人，免除行政事业性收费。政府采购，在同等条件下应当优先购买残疾人福利性单位的产品或者服务。残疾人个体工商户凭《中华人民共和国残疾人证》原件和复印件、《营业执照》、《税务登记证》副本以及申请减免报告书直接向当地国税、地税、工商行政管理部门申请办理，经批准后予以减免；

（3）在职工的招用、转正、晋级、职称评定、劳动报酬、生活福利、休息休假、社会保险等方面，不得歧视残疾人。

3. 其他权益。

(1) 不得通过大众传播媒介或者其他方式贬低损害残疾人人格；

(2) 残疾人的残疾被利用：残疾人的残疾被他人利用时，侵犯其人身权利或者其他合法权利。要认识到这是一种违法犯罪现象，而不应害怕报复，主动向公安机关反映情况；

(3) 对没有独立生活能力的残疾人负有扶养义务而拒绝扶养或者遗弃没有独立生活能力的残疾人的，依照刑法追究刑事责任；

(4) 优惠政策：

在全国大部分城市免费乘坐公交车；

坐火车半价；

在全国大部分景点免费游览。

4. 办理残疾证手续：到地方残联领取表格并到指定医院体检、鉴定，符合残疾人的条件，残联颁发残疾证。

5. 农村残疾人：减免义务工、公益事业费和其他社会负担。

妇女权益保护常识

妇女权益受到侵害主要包括：教育不公平，就业歧视，家庭暴力，拐卖绑架强奸妇女等。根据《中华人民共和国妇女权益保护法》、《中华人民共和国劳动法》、《中华人民共和国婚姻法》和《中华人民共和国继承法》等相关规定，有如下需要注意的方面：

1. 教育。

父母或者其他监护人必须履行保障适龄女性儿童少年接受义务教育的义务。学校和有关部门应当执行国家有关规定，保障妇女在入学、升学、毕业分配、授予学位、派出留学等方面享有与男子平等的权利。

2. 就业。

（1）各单位在录用职工时，除不适合妇女的工种或者岗位外，不得以性别为由拒绝录用妇女或者提高对妇女的录用标准；

（2）禁止招收未满十六周岁的女工；

（3）实行男女同工同酬。在分配住房和享受福利待遇方面男女平等；

（4）在晋职、晋级、评定专业技术职务等方面，应当坚持男女平等的原则，不得歧视妇女；

(5) 任何单位均应根据妇女的特点，依法保护妇女在工作和劳动时的安全和健康，不得安排不适合妇女从事的工作和劳动；

(6) 妇女在经期、孕期、产期、哺乳期受特殊保护，任何单位不得以结婚、怀孕、产假、哺乳等为由，辞退女职工或者单方解除劳动合同。

3. 婚姻家庭。

(1) 禁止家庭成员间的虐待和遗弃；

(2) 女方在怀孕期间、分娩后一年内或中止妊娠后六个月内，男方不得提出离婚，女方提出离婚的或人民法院认为确有必要受理男方离婚请求的，不在此限；

(3) 离婚时夫妻共同财产协议不成的，由人民法院根据照顾子女和女方利益的原则判决；

(4) 夫妻书面约定婚姻关系存续期间所得的财产归各自所有，一方因抚育子女、照料老人、协助另一方工作等付出较多义务的，离婚时有权向另一方请求补偿，另一方当予以补偿；

(5) 离婚时，如一方生活困难，另一方应从其住房等个人财产中给予适当帮助；

(6) 拐卖绑架强奸妇女，属于违法犯罪行为，已触犯刑法。

4. 继承权：妇女与男子享有同等的遗产继承权。

(1) 法定继承规定，继承权男女平等；

(2) 同一顺序继承人继承遗产的份额，一般应当均等。

未成年人权益保护常识

未成年权益受到侵犯主要包括：溺婴、弃婴、拐卖儿童、教育权力受到侵害、家庭暴力、童工等，根据《中华人民共和国未成年人保护法》、《中华人民共和国劳动法》、《中华人民共和国收养法》和《中华人民共和国继承法》等相关规定，有如下需要注意的方面：

1. 未成年人的权益保护。

(1) 禁止对未成年人实施家庭暴力，禁止虐待、遗弃未成年人，禁止溺婴和其他残害婴儿的行为，不得歧视女性未成年人或者有残疾的未成年人；

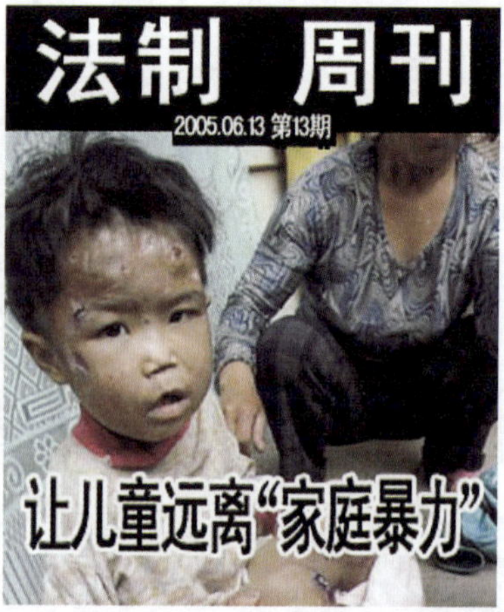

（2）父母或者其他监护人应当尊重未成年人受教育的权利，必须使适龄未成年人依法入学接受并完成义务教育，不得使接受义务教育的未成年人辍学；

（3）禁止拐卖、绑架、虐待未成年人，禁止对未成年人实施性侵害。禁止胁迫、诱骗、利用未成年人乞讨或者组织未成年人进行有害其身心健康的表演等活动；

（4）任何组织或者个人不得招用未满十六周岁的未成年人，国家另有规定的除外；

（5）按照国家有关规定招用已满十六周岁未满十八周岁的未成年人的，应当执行国家在工种、劳动时间、劳动强度和保护措施等方面的规定，不得安排其从事过重、有毒、有害等危害未成年人身心健康的劳动或者危险作业。

2. 关于收养法律问题：

（1）下列不满十四周岁的未成年人可以被收养：

丧失父母的孤儿；

查找不到生父母的弃婴和儿童；

生父母有特殊困难无力抚养的子女。

（2）收养人应当同时具备下列条件：

无子女；

有抚养教育被收养人的能力；

未患有在医学上认为不应当收养子女的疾病；

年满三十周岁。

收养人只能收养一名子女。收养查找不到生父母的弃婴和儿童，可以不受收养人无子女和收养一名的限制。

无配偶的男性收养女性的，收养人与被收养人的年龄应当相差四十周岁以上。

生父母送养子女，须双方共同送养。生父母一方不明或者查找不到的可以单方送养。有配偶者收养子女，须夫妻共同收养。

收养关系成立后，公安部门应当依照国家有关规定为被收养人办理户口登记。

送养人不得以送养子女为理由违反计划生育的规定再生育子女。

严禁买卖儿童或者借收养名义买卖儿童。

买断　图/毕传国 新华社发

老年人权益保护常识

老年人权益受到侵犯主要包括：没有得到赡养、虐待或者遗弃老年人。根据《中华人民共和国老年人权益保障法》等相关规定，有如下需要注意的方面：

1. 禁止歧视、侮辱、虐待或者遗弃老年人。

2. 赡养人应当履行对老年人经济上供养、生活上照料和精神上慰藉的义务，照顾老年人的特殊需要。

3. 赡养人不得以放弃继承权或者其他理由，拒绝履行赡养义务。赡养人不履行赡养义务，老年人有要求赡养人付给赡养费的权利。

4. 老年人的婚姻自由受法律保护。子女或者其他亲属不得干涉老年人离婚、再婚及婚后的生活。赡养人的赡养义务不因老年人的婚姻关系变化而消除。

5. 老年人有权依法处分个人的财产，子女或者其他亲属不得干涉，不得强行索取老年人的财物。

6. 老年人有依法继承父母、配偶、子女或者其他亲属遗产的权利，有接受赠予的权利。

7. 老年人有继续受教育的权利。

劳动维权的常识

外来工权益易受侵犯的方面主要有：没有劳动合同，拖欠工资，严重加班加点，企业没有代交社会保险，被无理打骂罚款等。根据《中华人民共和国劳动法》及《工伤保险条例》等相关规定，有如下需要注意的方面：

1. 劳动合同。

(1) 无论是否签订劳动合同，只要劳动者与用人单位形成事实劳动即只要劳动者提供劳动，用人单位实际用工，都受劳动法保障；

（2）注意保护好相关维权证据：厂牌、人证、工资单、出入证，工卡，罚款条，写有员工名称的警告信，退社的保证，解雇信，出厂证明；

（3）用人单位与劳动者建立劳动关系就应当订立书面合同，若没有，至少要在一个月这宽限期订立书面劳动合同；

（4）订立合同时，禁止向劳动者收取定金抵押金，扣押身份证，如违反以上规定的，由公安部门和劳动行政部门责令用人单位立即退还。

2. 注意对农民工、女性等的歧视问题。

3. 工作时间。

（1）国家规定工作时间：每天 8 小时，每周 40 小时；

（2）加班三大原则：自愿、身体能够承受、加班费；

（3）有薪休假：法定节日：元旦 1 天，春节 3 天，国庆 3 天。妇女节假半天。婚假：本人结婚，可享受 3 天婚假。如晚婚（女年满 23 周岁，男年满 25 周岁）可再增加。

4. 工资。

报酬不能低于当地最低工资要求（基本工资，资金，津贴，补贴）。

不包括加班加点的工资，伙食补贴，住房补贴，特殊劳动条件下的补贴（如夜班，高温，井下，有毒有害等）全勤奖，国家规定的社保福利。

用人单位不可随意克扣劳动者工资，除非因劳动者原因对用人单位造成损失的，但罚款金额不得超过工资的20%，且扣除后的剩余工资不得低于当地的最低工资标准；代扣代缴的个人所得税；应由劳动者承担的各种社会保险费用；法院判决中要求代扣的抚养费，赡养费。

5. 关于公司拖欠工资。

老板跑了或公司倒闭了应及时向当地劳动部门举报投诉，并申请仲裁。当地劳动监管部门应守护好工厂的剩余资产，因为这些资产可以在法庭宣布用人单位破产后成为支付劳动者薪酬的来源。

6. 关于工伤。

（1）《工伤保险条例》规定：中华人民共和国境内的各类企业、有雇工的个体工商户（以下称用人单位）应当依照本条例规定参加工伤保险，为本单位全部职工或者雇工（以下称职工）缴纳工伤保险费；

（2）工伤保险费的征缴按照《社会保险费征缴暂行条例》关于基本养老保险费、基本医疗保险费、失业保险费的征缴规定执行；

（3）用人单位应当将参加工伤保险的有关情况在本单位内公示；

（4）用人单位和职工应当遵守有关安全生产和职业病防治的法律法规，执行安全卫生规程和标准，预防工伤事故发生，避免和减少职业病危害。职工发生工伤时，用人单位应当采取措施使工伤职工得到及时救治。

7. 相关纠纷维权服务部门。

（1）当地劳动和社会保障局；

（2）弱势群体权益保障中心；

（3）弱势群体法律救助中心。

8. 相关的服务网站及联系方式。

劳工教育及服务网站 http：//www. lesnhk. org

北京劳动保障网 http：//www. bjld. gov. cn/default. htm

查询电话：114

	单位名称	联系地址	联系电话
北京市	北京市劳动和社会保障局	北京市宣武区永内西街5号	（010）6301322/12333
	中华全国总工会	北京市复兴门外大街10号	（010）12351
	北京市总工会法律服务中心	北京市丰台区东铁营七条12号（北京职工帮扶中心大楼内）	（010）67669099
广州市	广州市劳动和社会保障局	广州市连新路43号	（020）83330385/84189694
	广州市总工会	广州市东风西路230号	（020）83342523/86874888/83331104
	广州求助中心		（020）82266873
深圳市	深圳市劳动和社会保障局	深圳市福田区深南中路1025号新大厦东座1楼	（0755)25985101/（0755）12333
	深圳市求助中心		（0755）824433326
东莞市	东莞市劳动和社会保障局	东莞市堑头育兴101号	（0769）22203611/22203629
	东莞市社保局	东莞市东城区东城大道168号	（0769）12333/22332122
	东莞市法律援助中心	东莞市东城西路189号	（0769）22465889

续表

	单位名称	联系地址	联系电话
上海市	上海市劳动和社会保障局	上海市中山南路865号	(021) 12333
	上海市求助管理中心	上海市普陀区府村路500号	(021) 62048414
福建	福建省劳动和社会保障厅	福州市鼓楼区杨桥东路128号	(0591) 83738244
	福建市劳动和社会保障局	福州市古田路128号	(0591) 83341202
	福州市总工会		(0591) 83259847
浙江省	浙江省劳动和社会保障厅	杭州市省政府大楼2楼	(0571) 12333/85115082
温州市	温州市总工会	温州市鹿城区公园路67号	(0577) 88827814/12351

(六) 国家救助与补助中的法律问题

此次地震发生之后，政府立即投入救灾工作之中，并依据《中华人民共和国突发事件应对法》的规定展开了应急处置和救援工作；随即，国务院又发布了《汶川地震灾后恢复重建条例》，对灾后重建中的一些问题进行了规范。到目前为止，对于地震中的人身、财产损害以及灾后重建等事项，政府主要安排了下列直接针对灾民的相关经济救助或者补助措施：

1. 临时住房安置与补助。

(1) 主要是通过建设活动板房对地震灾区的受灾群众安排临时住所；

(2) 农村居民自行筹建符合安全要求的临时住所或者通过投亲靠友等方式解决过度安置的，每户补助2 000元。

2. 倒塌毁损民房恢复重建补助。

(1) 对房屋倒塌或严重损坏、无房可住的农户住房建设，中央财政原则上按平均每户1万元的标准给予补助；

（2）四川省配套相应的资金。合计每户平均约 2 万元。按照成都市政府《关于坚持统筹城乡发展加快灾后农村住房重建的意见》的规定，经房屋安全评估为住房灾毁不能居住（灭失、倒塌、严重损坏）的本地正式户口的农村村民，根据受灾农户的经济状况和家庭人数实行分类分档补助，具体补助标准分为两类三档。其中，一般农户：1～3 人家庭 16 000 元，4～5 人家庭 19 000 元，6 人及以上家庭 22 000 元；困难农户：1～3 人家庭 20 000 元，4～5 人家庭 23 000 元，6 人及以上家庭 26 000 元。

3. 抚慰金。

《国务院批转国务院抗震救灾总指挥部〈关于当前抗震救灾进展情况和下一阶段工作任务〉的通知》规定："对因灾遇难人员家庭按每位遇难者 5 000 元的标准发放抚慰金。"除上述经济救助、补助之外，针对灾民个人，政府还提供了医疗、心理治疗等非物质性救助、补助。

（七）有关营业执照、证件等的办理程序

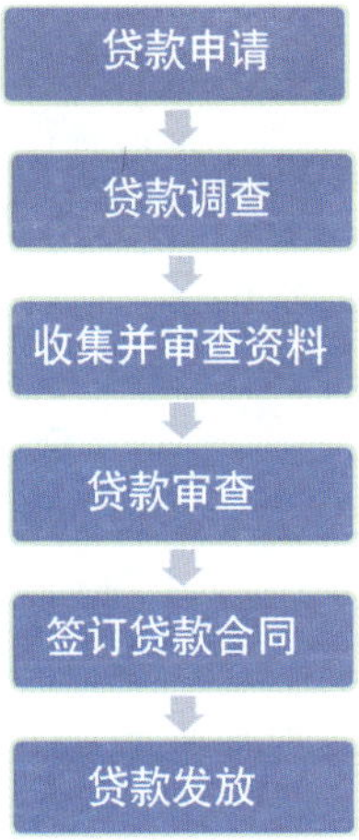

1. 个体户及私营企业登记。

个体户开业登记的申请人持文件、证明向户籍所在地或经营场所所在地的工商行政管理部门提出申请，并提交申请书和下列证明：经营者身份证明、经营场所证明、上岗证等。

私营企业开业登记程序为：

（1）先在工商行政管理机关咨询，就人员、经营范围、登记主管机关等取得初步意见；

（2）再领取、填写企业名称预先核准书，办理企业名称预先核准手续；

（3）向登记主管机关提交股东身份证明、委托书等必需的文件、证明；

（4）登记主管机关受理后进行审查、核准，10 日内作出核准

或驳回的决定；

（5）到银行开户经营者将所拥有的资金存进自己选定的银行并开设银行账户；

（6）办理《法人代码证书》；

（7）到税务局办理税务登记；

（8）到卫生防疫站办理卫生许可证；

（9）到物价部门办理收费许可证；

（10）申请开业登记表。

2. 重建房屋贷款程序：

应提供的资料：

（1）借款人夫妻双方身份证原件及复印件；

（2）借款人户口簿；

（3）借款人夫妻结婚证明；

（4）借款申请书；

（5）政府关于农村住房重建审批表；

（6）村镇规划选址建设意见书；

（7）建筑工程项目施工合同；

（8）建设工程安全生产责任书；

（9）农户建设规划放线记录；

（10）借款人家庭主要成员（年满18岁以上）承担连带责任担保的承诺书，家庭主要成员不能到场需补签字的承诺书和所在村相关证明；

（11）担保贷款还应提供担保人夫妻双方身份证原件及复印件等；

（12）其他资料。

3. 农村低保申请办理程序：

（1）申请人向户籍所在地的村委会提出书面申请。如果符合申请条件，填写《＊＊＊村居民最低生活保障待遇申请书》，并告知应提供的相关证明材料；

（2）街道办事处或乡镇人民政府社会保障事务所自收到申请后，应当对申请人提出申请及申请人个人及家庭的实际生活情况进行核查。核查结束后，填写《北京市农村居民最低生活保障待遇审批表》并提出审核意见；

（3）区（县）民政局核实街道办事处（乡镇人民政府）上报的申请书及相关材料，对符合享受农村低保待遇的，在《＊＊＊农村居民最低生活保障待遇审批表》上签署审批意见，核实救助金额。发放通知。

农村低保申请申办材料：

（1）申请书；

（2）居民户口簿、居民身份证；

（3）优抚困难对象身份证明；

（4）六十年代初精简退职老职工身份证明；

（5）起义投诚、特赦和刑满释放转业等身份证明；

（6）家庭收入情况的有关凭据（出售农副产品所得票据等）；

（7）夫妻一方为外省市或外区县户口的，需提供结婚证和户口证明，有子女的，同时提供子女户口证明；

（8）家庭中的残疾人需提供残疾证，重残人需提供区县残联组织出具的重残证明；

（9）夫妻离婚的，需提供离婚证或者离婚判决书以及有关子女抚养和财产分割协议书等；

（10）享受城市低保待遇的家庭成员，需提供享受城市低保待遇的证明；

（11）在外务工人员，需提供有关收入证明；

（12）民政部门认为需要提供的其他证明和材料。

五、基本生活常识

（一）安全常识

防狗咬及被狗咬伤口处理常识

1. 防狗咬常识。

（1）不要正视狗的眼睛；

(2) 站着别动，不要跑；

(3) 大声呼救；

(4) 用长棍子远距离地驱赶狗。

2. 被狗咬伤口处理常识。

(1) 挤出伤口里的血；

(2) 立即用肥皂水反复冲洗伤处，再用清水冲干净；

(3) 涂抹碘酒，不要包扎伤口；

(4) 24 小时内去医院打抗狂犬病毒血清和狂犬疫苗。

交通安全及交通事故救护常识

1. 交通安全常识。

(1) 过人行横道时“红灯停，绿灯行”；通过时，应先看左后看右，在确保安全的情况下迅速通过；

(2) 学龄前儿童、精神疾病患者、智力障碍者出行应有人带领；

(3) 横过马路时走人行横道、过街天桥或地下通道；

(4) 不要坐在人行道、车行道的护栏上；

(5) 不要在马路上玩耍、不要扒车；

(6) 驾驶车辆时不要打电话、不要超速；

(7) 骑摩托车要带头盔，开车要系安全带；

(8) 喝酒后不要开车或骑摩托车，以免发生交通事故。

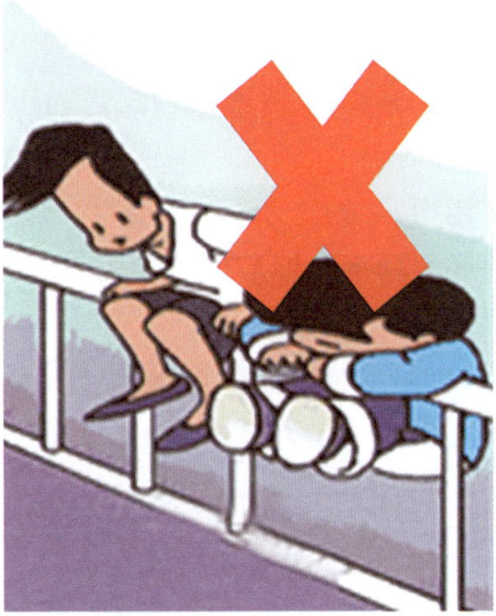

2. 交通事故救护常识。

(1) 检查伤者的受伤部位，止血、包扎或固定；

(2) 注意保持伤者呼吸通畅；如果呼吸和心跳停止，立即进行心肺复苏法抢救；

(3) 发生重大交通事故时，不要翻动伤者，立即拨打 120 求助。

用电安全常识

1. 居家用电“八戒”。

(1) 戒私拉乱接。戒私拉乱接电线，不要将导线直接插入座孔，不要请非专业人士作业，更不要请非专业人士“带电作业”；

(2) 戒假冒伪劣。戒使用假冒伪劣及破损的插座、电线与电器等；

(3) 戒保险乱用。戒违规更换、选用保险丝。不可用铜丝、铁丝替换保险丝，也不可随意加粗；

(4) 戒“防护缺失”居家用电必须安装漏电保护器、防触电装置等保护设施，如有漏电或掉闸，必须查明原因，修复后再合闸；同时正确接地线；

(5) 戒湿手用电。戒用湿手，湿布接触开关、插头、插座等；

(6) 戒电炉离人。戒使用电炉、电熨斗的时候离人，也不要在电热器上烘烤衣服；

(7) 戒险物近电。戒将易燃易爆物品，如煤气、汽油、香蕉、水放置在发热器范围内；

(8) 戒超负荷用电。戒电力线路、开关、插座和插头超负荷。空调烤箱电热水器等大功率电器应使用专用线路。

2. 室外防电“七禁”。

(1) 雷雨天气禁高压。禁止在雷雨天气接近高压电线杆、铁塔、避雷针及其接地线。雷雨天气，禁止在外施工；

(2) 电力设施禁攀爬。禁止攀爬电线杆、偷电铁塔、变压器台架以及电力设施的保护围墙；

(3) 电网危险禁私设。禁止私设电网防盗、狩猎、捕鼠和捕鱼等；

(4) 电网附近禁渔猎。禁止在架空电线和配电变压器附近钓鱼、打鸟、放风筝等；

(5) 电感电线禁晾晒。禁止在电线杆、电线及拉线上晒衣服，禁止利用电线杆及拉线拴家畜；

(6) 电线断落禁靠拢。禁止靠近断落的电线。不管是否带电，都不得擅自处理，应远离电线落地 8.5 米以上，并及时通知电力部门；

（7）供电设施禁围覆。禁止将供电线路包覆在店铺门面、广告牌和建筑物内。

3. 应急要点。

（1）发现异常，电断开。发现电线、电器有焦糊味、冒烟、放电异常现象，以及有人触电时，立即用绝缘电工钳或带绝缘手柄的工具切断电源，也可用干燥木棒、竹竿等挑开电线；

（2）电器起火，“干粉”灭。电器或插头在燃烧，又无法切断电源时，应用干粉灭火器等专用灭火器灭火，不能用泡沫灭火器或水灭火，更不能用手去碰电器开关；

（3）电视着火，湿被盖。电脑或电视机着火，应立即切断电源，用湿被、湿毛毯、防火毯等盖压。灭火时，应从侧面靠近，以防显像管爆炸伤人；

（4）报警呼救，援助来。进行扑救的同时，应紧急呼救、报警；

（5）火势失控，快离开。若火势难以控制时，应果断离开。

燃气安全常识

1. 燃气事故预防——用气通则。

（1）关阀开窗，防火花。使用燃气时，必须保持室内空气流通。若发现火焰呈黄色，燃烧异常，或闻到异味，应立即将灶具阀、管道阀关闭，并打开门窗通风换气，动作应轻缓，以免金属猛烈摩擦产生火花，此时，禁止开灯，禁用打火装置；

（2）注意关阀，睡前查。用气完毕，要关闭阀门。临睡前，应检查确认燃气管道、液化气罐和灶具阀门是否关闭；

（3）烧水煮汤，成人看。使用燃气煮汤的时候，应有成人看管，以防汤水溢出熄灭炉火，导致漏气；

（4）专用胶管，及时换。必须使用专用耐油橡胶管，长度在 1.2～1.5 米左右，最长不超过 2 米。橡胶管不得穿墙越室，老化或损坏应及时更换，使用期限不应超过 18 个月；

（5）控制高度，用喉夹。灶前橡胶管不得高于灶面，以防被炉火烧着引发火灾。在橡胶管与灶前阀、燃气具进气管的连接处均应用喉夹夹紧，确保不漏气。

2. 管道燃气。

（1）管道燃气，专业安装。管道燃气设施，必须由专业人员负责安装，不得私接私装；

（2）首次点火，专人负责。首次点火，应有专业人员进行，用户不得自行点火。

3. 瓶装液化气。

（1）通风干燥，禁止密封。液化气瓶应放在容易搬动、通风干燥、不易腐蚀的地方，禁止放在密封橱柜内；

（2）严禁暴晒，勿近明火。严禁火烤、暴晒、用开水浇或接近明火的地方；

（3）直立使用，禁止倒、卧。要直立使用。禁止倒立、卧倒，禁止摔、踢、滚、撞；

（4）并排放置，禁止垂放。要与灶具并排放置。瓶与灶具并排放置。瓶与灶具的最外侧距离不得小于 80 厘米，禁止灶台下垂直放瓶；

（5）瓶体漏气，专业维修。一旦发现瓶体、角阀漏气，立即告知燃气公司，严禁私拆私修；

（6）小心残渣，谨防火灾。液化气罐中的残渣不能随意倾倒，应由专业人员处理，以免引起火灾。

4. 应急要点。

（1）异味明显，断气通风。发现室内有煤气等异味、燃气突然中断以及没有燃气时，应立即将灶阀、管道阀关闭，并打开门窗通风换气；

（2）异味不浓，皂液检查。若异味不明显，可在管道的接头开关、软管、阀门处涂上肥皂液等，若有气泡产生则表明燃气有泄露。严禁用火柴、打火机等明火检查；

（3）电器设备、禁开禁关。燃气有泄漏时，千万不要开启或关闭任何电气设备，以免产生火花，引发爆炸；

（4）迅速离开，以防中毒，若有室内煤气等异味较为明显，应迅速撤离，以防窒息、中毒；

（5）气罐着火，湿被扑压。液化气罐着火时，迅速用浸湿的被褥、衣物、防火毯等扑压，并立即关闭阀门；

（6）及时报警，抢险抢修。出现险情，应立即拨打供气单位抢修电话、119 火警电话；

（7）错误避险、反酿大祸。不要在充满燃气的房间内拨打求助电话，也不要打开抽油烟机或排风扇，以免擦出火花，引发火灾。

预防溺水与溺水自救、急救常识

1. 预防溺水常识。

（1）不要独自一人外出游泳；

（2）不要去不熟悉的水域游泳；

（3）不要到有危险警告的地方游泳；

（4）平时四肢容易抽筋者不要去游泳或不要到深水区游泳；

（5）太饿、太饱、太疲劳、生病的时候或酒后不要下水游泳；

（6）下水前，要先活动身体；

（7）在游泳中如果突然觉得身体不舒服，如眩晕、恶心、心慌、气短等，要立即上岸休息呼救。

2. 溺水自救常识。

（1）当发生手脚抽筋时，如果离岸近，应立即到岸上进行按摩，如果离岸远、可以采取仰游姿势，仰浮在水面对抽筋的肢体进行按摩；

（2）不熟悉水性的人落水，除呼救外，应先镇静，保持头部向后使口鼻露出水面呼吸。呼气要浅、吸气要深。

3. 溺水急救常识。

（1）将伤员抬出水面后，应立即清除其口、鼻腔内的水、泥及污物，用纱布（手帕）裹着手指将伤员舌头拉出口外，解开衣扣、领口，以保持呼吸道通畅，然后抱起伤员的腰腹部，使其背朝上、头下垂进行倒水（见图 6－1）；

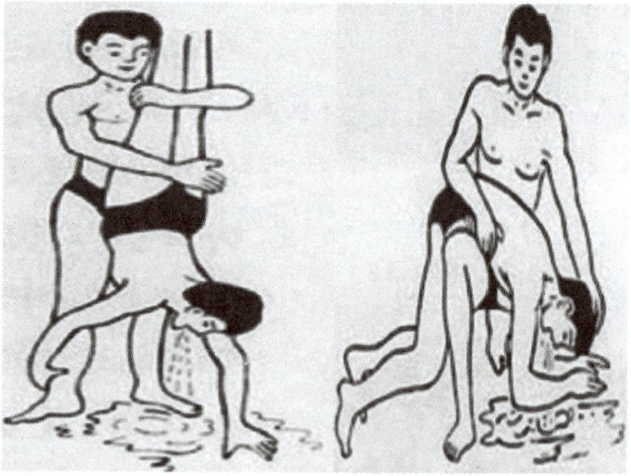

图 6－1　倒水法

（2）呼吸停止者应立即进行人工呼吸；

（3）心跳停止者应先进行胸外心脏按摩。

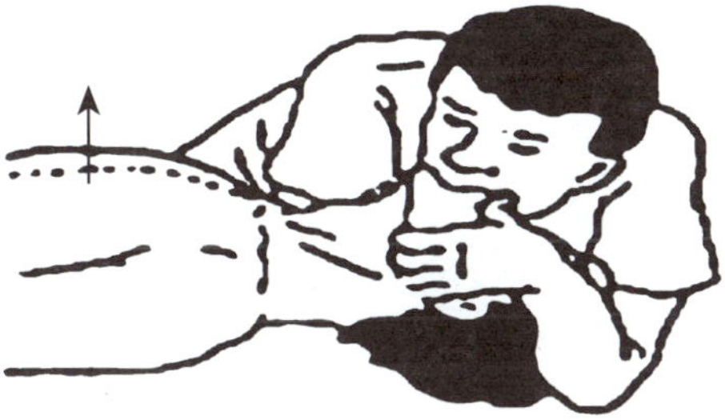

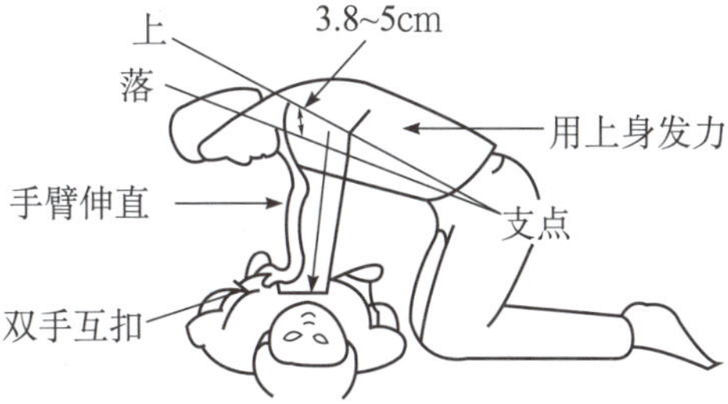

预防烫伤及急救常识

1. 预防烫伤常识。

（1）热水瓶、电饭锅、热茶杯等不要放在孩子能够直接或间接触及的地方；

（2）不要让孩子独自面对热液（热汤、热粥、热奶、热洗衣粉液等），以防烫伤；

（3）告诫孩子发生烫伤的原因及后果，以唤起孩子的安全意识。

2. 烫伤后急救常识。

（1）一般烫伤应立即用冷水冲洗伤处，如直接放在水龙头下，用自来水冲洗 10 分钟，或者浸泡在干净的冷水里面；冲洗后烫伤部位温度下降，才可小心脱掉衣服，必要时可用剪刀剪开衣服；然后用纱布或干净毛巾包扎伤口；

（2）如果烫伤的地方皮肤已破，则禁止用冷水冲洗；

（3）对于严重烫伤，要先在烫伤部位盖上干净的厚纱布、毛巾等再冲洗，不能直接用冷水冲洗；

（4）如果烫伤的是头部、躯体等不便冲洗的地方，可用干净的厚纱布、毛巾等沾冷水敷伤处；

（5）不要弄破水泡；

（6）不要用牙膏、凡士林、肥皂、发油涂抹烫伤的地方；

（7）严重烫伤用冷水处理后应立即送往医院。

预防被蛇咬及紧急处理常识

1. 预防被蛇咬常识。

（1）外出工作时应穿好长袖上衣、长裤及鞋袜，戴好草帽；

（2）四肢涂擦防蛇药液及口眼蛇伤解毒片；

（3）进入草丛前应先用棍棒驱赶蛇；

（4）遇到毒蛇时不要惊慌失措，应采用左、右拐弯的走动来躲避追赶的毒蛇或是站在原处，面向毒蛇，注意来势左右避开，寻找机会拾起树枝自卫。

2. 蛇咬伤紧急处理常识。

（1）在伤口近心端 5 厘米处用带子勒紧，用冰块冷敷，30～40 分钟放松一次，使血液流动；

（2）立即用生理盐水或者冷水冲洗伤口，最好用 1∶5000 的高锰酸钾溶液；

（3）用刀片或者锋利的小刀烧过后，在伤口处割一十字口，使毒液流出；或用拔火罐把毒液吸出；

（4）服用解蛇毒药物；

（5）减少运动，及时送医院。

（二）公共卫生常识

传染病预防常识

1. 手足口病预防常识。

手足口病症状：手、足、口腔等部位出现皮疹或疱疹。

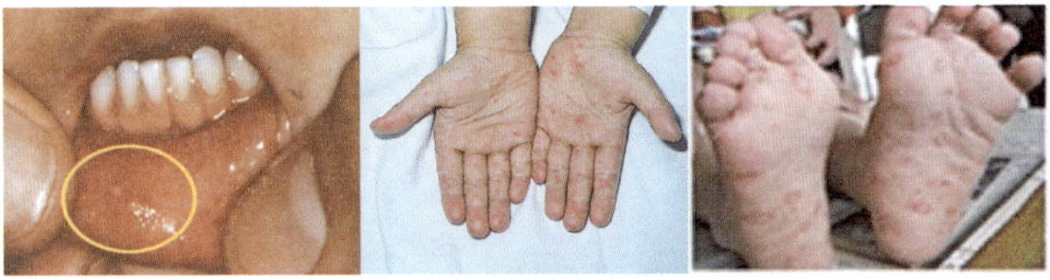

手足口预防常识：

（1）饭前便后、外出后要用肥皂或洗手液等给儿童洗手；

（2）不要让儿童喝生水、吃生冷食物；

（3）避免接触患病儿童；

（4）看护人接触儿童前、替幼童更换尿

布、处理粪便后均要洗手，并妥善处理污物；

（5）婴幼儿使用的奶瓶、奶嘴使用前后应充分清洗；

（6）注意保持家庭环境卫生，居室要经常通风，勤晒衣被；

（7）如果家里有孩子得了手足口病，可将奶嘴、奶瓶、餐具、毛巾等物品用 50 度以上的热水浸泡 30 分钟或者煮沸 3 分钟进行消毒；

（8）儿童出现手足口症状要及时到医疗机构就诊。

2. 肺结核常识及预防常识。

肺结核常识：

（1）肺结核病症状：咳嗽、咳痰、低烧、夜间盗汗、疲乏无力、体重减轻等；

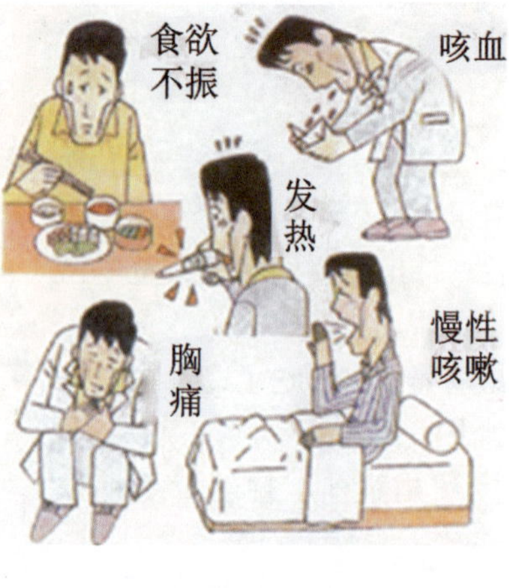

（2）传播途径：肺结核病是一种经呼吸道传播的慢性传染病，主要通过病人咳嗽、打喷嚏或大声说话时喷出的飞沫传播给他人。

预防肺结核常识：

（1）注意锻炼身体，增强体质；

（2）工作、生活场所要经常通风；

（3）儿童出生后应及时接种卡介苗；

（4）结核病人不要面对他人咳嗽和吐痰，如有条件可戴上口罩；

（5）对患者的痰、日用品以及周围的东西要消毒或适当处理。

3. 疟疾的预防常识。

（1）预防被蚊虫叮咬，使用蚊帐、纱门、纱窗、蚊香等措施防蚊咬；

（2）露宿野外应使用防蚊剂及防蚊设备，将身体暴露部分涂上防蚊油；

（3）服药预防，主要有乙胺嘧啶、哌喹或磷酸哌喹、复方防疟药、氯喹等；

（4）清理洼地积水、疏通沟渠，间歇灌溉等环境治理措施，减少蚊幼虫孳生。

4. 水痘预防及护理常识。

水痘预防常识：

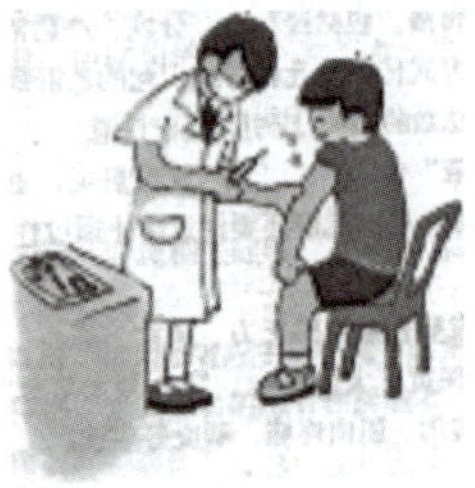

（1）接种水痘疫苗；

（2）养成良好的卫生习惯，做到勤洗手，以免传染病交叉感染；

（3）经常开窗通风，保持环境整洁，空气流通；

（4）隔离水痘患者。

护理水痘患者常识：

（1）保持室内通风换气，同时注意水痘患者保暖；

（2）水痘患者应多喝水，吃清淡、易消化和有营养的食物；

（3）注重皮肤护理。包括给孩子剪指甲，避免抓伤皮肤。每天用淋浴的方法为水痘患者洗澡，并用医生开的药物涂于患处；

（4）不要滥用药物如退烧药、激素；

（5）水痘患者不要用激素类制剂涂于疱疹。

5. 预防肠道传染病常识。

（1）采取多种方法消灭苍蝇、蟑螂、蚊子等害虫；

（2）疏通沟渠，填平坑洼，铲除杂草，消除虫害的孳生地；

（3）搞好粪便、垃圾、污水、污物的无害化处理。粪便、垃圾要每日清理，并进行杀灭病原体的无害化处理；

（4）喝开水；

（5）对餐具、用具消毒，烹调时生熟食品用的炊具要分开；

(6) 吃熟食，尽量少吃凉拌菜；

(7) 瓜果应洗净去皮再吃；

(8) 少吃多餐，定时定量，戒烟限酒。切忌暴饮暴食，少食过甜、过油腻的食品；

(9) 注意搞好个人卫生；

(10) 发现可疑症状及早就诊，一旦确诊及早治疗。

6. 禽流感预防常识。

(1) 注意饮食卫生。禽蛋、禽肉要彻底煮熟，禽蛋表面的粪便要洗干净，加工保存这类食物要生熟分开；

(2) 避免接触水禽、候鸟等易于携带禽流感病毒的动物；

(3) 接种流感疫苗。健康的成年人和青少年可以接种减毒活疫苗，老年人、婴幼儿、孕妇和慢性病患者可以接种流感灭活疫苗；

(4) 养禽场工作人员应注意个人卫生，工作时戴口罩、穿工作服、戴手套，接触禽类粪便等污染物后要洗手，并保持工作环境中空气流通。

7. 血吸虫病预防常识。

(1) 服用吡喹酮预防血吸虫病；

(2) 安全用水，不得不使用江水时，应先在器皿中存放 5 天以上，并用漂白粉或漂白精片消毒后再使用，使用时最好将水煮沸；

(3) 灭螺；

(4) 尽量不要接触疫水，如实在需要，需要涂抹防护油膏，穿戴防护用品等措施；

（5）管好粪便，不要随地大小便，对粪便无公害处理；

（6）得血吸虫病要尽快到当地血防所（站）治疗。

8. 黑热病预防常识。

（1）灭蛉：灭蚊灭蝇的措施都可以杀灭白蛉；

（2）防蛉：睡觉时使用蚊帐、蚊香；在室外时，在身体暴露部分涂抹风油精、清凉油等，在人群聚集场所喷洒驱蚊、灭蚊药物；

（3）消除传染源：对家犬要用杀虫剂消毒，对于流浪狗，建议进行捕杀。

9. 土源性线虫病（蛔虫病、钩虫病）预防常识。

（1）不喝未经过消毒处理的水，饮用开水；

（2）不吃不干净的食物，吃煮熟的食品；

（3）不随地大小便；

（4）服药驱虫预防。

预防中毒及急救常识

1. 预防食物中毒及处理常识。

预防食物中毒常识：

（1）不要采摘、购买、食用来历不明的食物、死因不明的畜禽或水产品，以及不认识的野生菌类、野菜和野果；

（2）尽量选择新鲜的食品，不吃腐败、变质或过期的食物；

（3）不要吃有毒蘑菇、发芽土豆、鲜黄花菜和未煮熟的四季豆；

（4）妥善保管有毒有害物品，包括农药、杀虫剂、杀鼠剂和消毒剂，避免被误食、误用；

（5）绝对不能用装过农药的空瓶装油、装酒、装酱油及其他食物；

（6）加工、贮存食物时要做到生、熟分开；

（7）隔夜食品在食用前必须加热煮透后才可食用；

（8）饭前饭后勤洗手。

发生食物中毒处理常识：

（1）立即自救，用筷子或手指刺激咽部帮助催吐排出毒物；

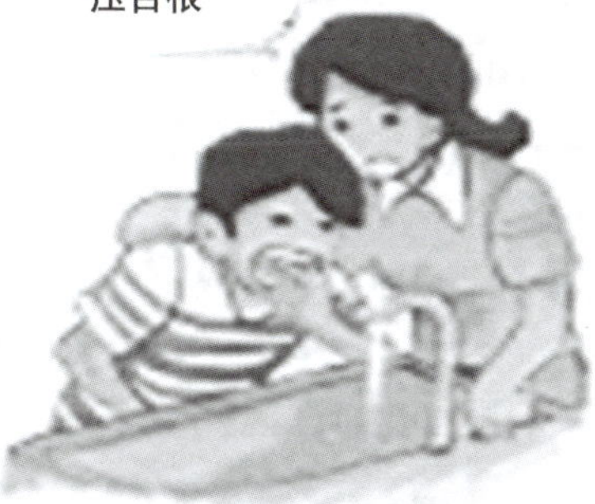

（2）同时马上拨打120急救电话以争取急救时间，尽早把病人送往就近医院诊治；

（3）注意保留好可疑食物和吐泻物。

2. 预防农药中毒及急救常识。

预防农药中毒常识：

（1）施药时穿长袖上衣、长裤和鞋袜；

（2）施药期间不得喝酒、吸烟、吃东西；

（3）施药前仔细检查药械开关、接头、喷头，喷药过程中如发生堵塞时，绝对不能用嘴吹吸喷头和滤网；

（4）喷洒农药时，人要逆风往前走；

（5）收工后要立即脱掉全身所有衣服，反复用肥皂水冲洗全身，反复漱口，在此前，绝对不能进食、喝水、饮酒、吸烟；

（6）农作物喷药后至少要经过一星期才能使用，禁止食用被毒死的家禽、牲畜和鱼等；

（7）患有精神病、皮肤病的人，月经期、怀孕期、哺乳期的妇女，未成年儿童不要接触农药。

农药中毒紧急救治常识：

（1）尽快切断中毒途径，阻止毒物的再吸收，促进毒物的排出，脱离中毒环境；

（2）在通风良好的地方治疗，迅速消除身体的残留农药。消除方法应根据侵入的途径而定；皮肤侵入者，用清水、肥皂水或生理盐水迅速清洗，避免用热水；溅入眼睛，用生理盐水清洗后，再滴入氯霉素眼药水，如果疼痛加重，可滴入1%普卡因液；

（3）经口服中毒者应立即送往医院。

日常健康常识

1. 常洗澡，不共用毛巾和洗漱用具，每天刷牙，饭后漱口。勤洗手。

2. 咳嗽、打喷嚏时遮掩口鼻，不随地吐痰。

3. 不酗酒，少抽烟。

4. 房间要经常开窗通风，睡觉时不要紧闭门窗。

5. 喝开水和干净的水。

6. 多吃蔬菜水果，注意荤素搭配，少食盐。

7. 空腹不宜吃柿子、西红柿、菠萝、香蕉、山楂、橘子、空腹不要喝牛奶、豆浆、糖、酒、茶。

8. 儿童应少吃方便面、各种腌菜（腌肉、腌蛋、腌鱼、腌菜）、泡泡糖、爆米花、果冻、巧克力、羊肉串、冷饮等。

（三）疾病预防常识

感冒防治常识

1. 生吃大葱。

2. 餐后用淡盐水漱口。

3. 白酒擦身：用铜钱、硬币等光滑硬物蘸白酒，轻刮前后胸、曲池及下肢曲窝处，直至皮肤发红发热，然后喝一碗热姜糖水。

4. 姜糖水：先用红糖加适量水，煮沸后加入生姜，10 分钟后趁热喝下，可预防感冒。不过风热感冒不宜喝姜糖水。

5. 多吃“红色食品”：如红辣椒、胡萝卜、南瓜、西红柿、洋葱、山楂、红苹果、红枣、柿子等。

6. 感冒时多喝白开水。

7. 吃感冒药治疗：如速效感冒胶囊，感冒清，银翘解毒丸（片），板蓝根冲剂。

糖尿病预防常识

1. 保持健康的生活方式，不暴饮暴食，吃饭细嚼慢咽，多吃蔬菜，尽可能不在短时间内吃含葡萄糖、蔗糖量大的食品，如玉米、红薯、土豆、甘蔗等。

2. 适量运动，多锻炼身体。

3. 戒烟戒酒。

4. 糖尿病患者要每天洗脚，洗脚的时候洗脚水的温度要跟体温差不多。

5. 预防糖尿病多吃玉米、麸皮、小米、黑米；蚕豆、黑豆、黄豆、绿豆、豌豆、赤小豆；魔芋、芹菜、韭菜、芦笋、胡萝卜、白萝卜、蒜苗、葱头、菠菜、木耳；香菇、蘑菇、紫菜、海带、海白菜等。

高血压预防常识

1. 少吃盐：每天吃盐少于 5 克，大约每天为小汤匙的半匙。

2. 合理膳食：限制脂肪摄入，少吃肥肉、油炸食品、动物内脏、糕点、甜食，忌吃刺激性食物，多吃新鲜水果、蔬菜、鱼、蘑菇、低脂奶制品等。

3. 合理减肥、控制体重。

4. 戒烟限酒。

5. 适量运动，每次活动 30～60 分钟。

6. 劳逸结合，保持心情舒畅，避免情绪大起大落。

7. 长期服用有效的降压药，多吃降血压的食物，如芹菜、白菜、萝卜、胡萝卜、海带、牛肉、山楂、苹果、西瓜、桑椹、猕猴桃、橘。

8. 经常做身体检查。

（四）求助信息常识

学生求学、助学信息

1. 生源地为地震灾区的高中阶段和高等教育阶段家庭经济困难学生在 2008 年秋季学期至 2009 年春节学期可免除学费和享受生活补贴。

2. 26 所四川省地方属本科高校中来自 15 个重灾县的家庭经济困难在校大学生可申请李嘉诚基金会四川地震灾区高校特别助学金。

3. 普通高中、特殊教育学校家庭经济困难学生可申请李嘉诚基金会四川地震灾区高中、特殊教育学校特别助学金。

4. 普通本科高校、高等职业学校、中等职业学校家庭经济困难寄宿学生可申请国家奖学金。

5. 在校大学生可申请各个高校设立的奖学金。

6. 灾区技工院校在校学生可以去其他省份国家重点以上技工院校就读。

7. 地震孤儿可以去国家重点以上技工院校就读。

贫困户援助信息

1. 申请医疗救助。

（1）符合条件的农村贫困居民可申请医疗救助；

（2）血吸虫和肺结核病人治疗可享受国家相关免费政策。

2. 申请最低生活保障。

家庭年收入低于户籍所在县（市、区）确定的最低生活保障标准的农村居民可申请最低生活保障。

就业援助信息

1. 可享受就业扶持政策；

2. 可申请小额贷款自主创业；

3. 可去政府开发的公益性岗位工作；

4. 受灾地区毕业生享受同等条件优先录取的条件，并享受各种免费政策。

报警常识

报警电话有110、119、120、122，这些电话可以直接拨打，不用拨区号。

1. 110报警常识。

报警时请讲清楚案发的时间、方位、姓名及联系方式等。如对案发地不熟悉，可提供现场附近具有明显标志的建筑物、大型场所、公交车站、单位名称等。报警后，要保护现场，以便民警到场后提取物证、痕迹。

2. 120报警常识。

(1) 通电话后，应说清楚病人所在方位、年龄、性别和病情。如不知道确切的地址，应说明大致方位，如在哪条大街、哪个方向等；

(2) 尽可能说明病人典型的发病表现，如胸痛、意识不清、呕血、呕吐不止、呼吸困难；

(3) 尽可能说明病人患病或受伤的时间。如意外伤害，要说明伤害的性质，如触电、爆炸、塌方、溺水、火灾、中毒、交通事故等，并报告受害人受伤的部位和情况；

(4) 如果了解病人的病史，在呼叫急救服务时应提供给急救人员参考。

3. 119 报警常识。

（1）发生火警应立即拨打 119；

（2）火警电话打通后，应讲清着火单位以及所在区（县）、街道、门牌等详细地址；

（3）要讲清什么东西着火，火势怎样，是否有人被困等；

（4）最好能讲清起火部位，燃烧物性质和燃烧情况；

（5）报警时要讲清自己的姓名和电话号码；

（6）报警后要派人在主要路口接应和引导消防车去火场。

4. 122 报警常识。

（1）发生交通事故或交通纠纷，立即拨打 122 或 110；

（2）必须准确报出事故发生的地点及人员、车辆伤损情况；

（3）遇到交通事故逃逸车辆，应记住肇事车辆的车牌号，如未看清肇事车辆车牌号，应记下肇事车辆车型、颜色等主要特征。